No Es Culpa Mía

¿A quién culparé? ¿A la gente,
a las circunstancias o al ADN?

Dr. Henry Cloud
Dr. John Townsend

La misión de Editorial Vida es proporcionar los recursos necesarios a fin de alcanzar a las personas para Jesucristo y ayudarlas a crecer en su fe.

NO ES CULPA MÍA
Edición en español publicada por EDITORIAL VIDA —2008
Miami, Florida
© 2008 por EDITORIAL VIDA

Publicado en inglés con el título:
It's Not My Fault
por *Integrity Publishers*
© 2007 por Henry Cloud y John Townsend

Traducción: *Wendy Bello*
Edición: *Elizabeth Fraguela M.*
Diseño interior: *artserv*
Diseño de cubierta: *Grupo Nivel Uno, Inc.*

ISBN 978-08297-5224-3

Categoría: Vida cristiana / Crecimiento personal

Impreso en Estados Unidos de América
Printed in the United States of America

08 09 10 11 12 13 ❖ 6 5 4 3 2

Este libro está dedicado a todos aquellos que
luchan con la culpa de otras personas y a los que
quieren lidiar con las suyas. Que puedas encontrar
soluciones para tus luchas y lograr tus sueños.
Que Dios te bendiga.

Contenido

Agradecimientos

Los autores quisieran darle las gracias a las siguientes personas que contribuyeron a hacer de este libro una realidad:

Sealy Yates y Jeana Ledbetter, nuestras agentes literarias: Durante todo este proceso ustedes, como siempre, nos dieron guía y dirección más allá de lo requerido. Gracias por su compromiso para sacar este libro adelante.

Byron Williamson y Joey Paul: Gracias a ambos por captar la idea y querer hacerla realidad. Byron: Tu visión y creatividad ayudaron a impulsar y moldear el concepto original. Joey: Tu cuidado y competencia mantuvieron el proceso por buen camino.

Rob Birkhead: Gracias por todo tu talento artístico que suplió una manera gráfica maravillosa de transmitir las ideas.

Tom Williams, Anita Palmer y Jennifer Day: Su atención al significado y la claridad mejoraron grandemente la amenidad del libro.

El personal de Cloud-Townsend Resources: Maureen Price, Steffanie Brooks, Jodi Coker, Kevin Doherty, Belinda Falk, Erin Kershaw, Debra Nili, Kris Patton, Patti Schenkel, Edrey Torres y Melanie Whittaker. Apreciamos vuestra diligencia, valores y sentido del humor.

John quisiera darle las gracias a las siguientes personas:

Mi asistente ejecutiva, Janet Williams: Tu aplicación e interés han hecho que mi trabajo sea hacedero para mí.

Mi esposa Barbi y nuestros hijos Ricky y Benny: Gracias otra vez por ser una familia tan impresionante, dedicada y que crece.

Introducción

Se ha dicho que en el mundo hay dos tipos de personas: los que obtienen lo que quieren y los que no. Ganadores y perdedores. Los que tienen y los que no. Y lo triste es que algunas personas sienten que están atascadas en el grupo equivocado y destinadas para siempre a no obtener lo que quieren en la vida.

Sin embargo, la realidad no es tan en blanco y negro. Aunque hay algunos ganadores y perdedores evidentes, más a menudo vemos que la mayoría de las personas tienen algunos aspectos en su vida donde son capaces de hacer que todo funcione y otros aspectos en los que están atascados. Ya que estás leyendo esto, es de dudar que todo en tu vida esté fallando. Sin embargo, es probable que haya algún aspecto en el que no has podido cerrar la brecha entre lo que deseas y los resultados que en realidad estás obteniendo. Si ese es el caso, este libro es para ti.

Aunque no es del todo cierto que las personas pueden dividirse en dos tipos claros de ganadores y perdedores, de otra manera sí pueden dividirse en dos tipos. Y cuál de esos dos tipos tú eres *determinará en lo absoluto si obtienes o no más de lo que quieres en la vida*. ¿Cuáles son los dos tipos?

Aquellos que asumen la responsabilidad de sus vidas y los que no.

Ese es el tema de este libro. Podemos afirmar con toda confianza, tanto por la investigación como por la experiencia, que la información y dirección que te daremos en estas páginas tienen el poder para transformar no solo esos aspectos en los que estás atascado y quieres salir adelante, sino incluso situaciones aparentemente irremediables. Esto no es solo teoría. Este Plan de Cero Excusas ha probado funcionar desde que la historia guarda memoria de vidas transformadas.

Ganadores en una cultura de culpa

Vivimos en una cultura de culpa. Las personas culpan a cualquiera o cualquier cosa por su desdicha antes de asumir la responsabilidad de esta y mejorarla. La culpa se ha institucionalizado en nuestros tribunales, cuerpos legislativos y escuelas; esta se extiende por nuestra psicología y pensamiento médico e incluso por nuestras vidas en cuanto a lo moral y lo espiritual. ¿El resultado? Más personas con más desdicha, pero siempre con alguien o algo a lo cual echarle la culpa.

Aunque la culpa pudiera aliviar parte de la ansiedad, culpabilidad, temor o sentido de responsabilidad, *no hace nada para solucionar los problemas*. Mientras pensemos, sintamos o actuemos como si no hubiera nada que pudiéramos hacer con respecto a cualquier cosa con la que estemos luchando, seguiremos atascados.

Es probable que conozcas o hayas conocido a personas que siempre tienen una excusa, que nunca aceptan la responsabilidad de lo que pudieran hacer para mejorar su situación. Si conoces una persona así, entonces conoces la frustración de tratar de ayudar a alguien que no asumirá la responsabilidad. Como psicólogos lo hemos visto miles de veces. A menudo, durante los primeros cinco minutos de conversar con una persona, podemos darnos cuenta de que resolver su problema será una batalla larga y difícil. No porque el problema en particular sea insoluble o porque la enfermedad sea intratable sino porque falta el factor más importante que se requiere para vencerlo: la capacidad de asumir la responsabilidad por su propia vida.

Por otra parte, cuando alguien *sí* tiene ese ingrediente, la capacidad de asumir la responsabilidad, tenemos algo más que una vaga esperanza para esa persona. *Sabemos que esta persona mejorará*. Es algo que raya en la certeza absoluta.

Y eso es lo que creemos también con respecto a ti. Si estás dispuesto a hacer lo que todos los ganadores del mundo hacen en ese aspecto de tu vida que parece atascado, entonces tu futuro puede ser diferente. Asumir la responsabilidad de esta manera no implica en lo absoluto que tu situación sea *culpa* tuya o que tú la hayas originado. Solo significa que ya que te encuentras en esta, estás dispuesto a abrazarla y adueñarte de ella para mejorarla.

Entendemos que a veces se necesita algo más que disposición. Hay personas dispuestas y responsables que a veces permanecen atascadas, pero en esos casos, los ingredientes que faltan son por lo general la información, dirección y recursos necesarios para producir el cambio. Y te ayudaremos brindando esos mismos artículos. Nos uniremos a tu disposición de asumir el señorío de tu vida, incluso si tú no causaste el problema o situación, y te guiaremos al dar los pasos que pueden llevarte al lugar en que quieres estar. Algunas veces lo único que la gente buena y responsable necesita para asumir el señorío de una situación y producir el cambio es simplemente saber cuáles son los próximos pasos.

Por ejemplo, una persona puede tener una relación con alguien que en realidad es un «problema». Ciertamente *es* culpa de la otra persona, pero incluso al tratar con una persona problemática, aprenderás que si tan solo sabes qué pasos responsables dar por tu parte, puedes cambiar una relación y a veces producir un cambio en la persona. O si sabes qué pasos responsables dar en una situación de depresión o ansiedad, donde los síntomas a veces se producen por un trauma o por maltrato de otros, puedes cambiar una situación que tú no ocasionaste.

ENCONTRAR LA PIEZA QUE FALTA

Ya sea que implique un problema clínico, como depresión, ansiedad o adicción; un problema relacional, como el matrimonio o el noviazgo; o una profesión que no sale adelante, si estás dispuesto a ser el tipo de persona que asume la responsabilidad por lo que puede hacer y quitas tu enfoque de lo que no puedes controlar, puedes mejorar la situación o resolver el problema. Dios te diseñó para que pudieras hacerlo y él te capacitará para hacerlo.

Así que, a ambos tipos de personas que lean este libro, los que todavía no han asumido la responsabilidad de sus vidas y los que están listos para hacerlo pero que no saben qué hacer en una situación en particular, les invitamos a seguir leyendo. Descubran cómo responsabilidad no es una palabra negativa, sino una pieza que ha faltado en tu búsqueda para realizar tus sueños y deseos.

Henry Cloud, Ph.D.
John Townsend, Ph.D.

1

Tú puedes ser dueño de tu vida

1

Las excusas no cambian nada, pero hacen
que todo el mundo se sienta mejor.
—MASON COOLEY

«¿**D**ónde debe trazarse la línea entre la responsabilidad de un individuo por cuidar de sí mismo y la responsabilidad de la sociedad de garantizar que otros lo protejan?»

¿A qué crees que podrían estarse refiriendo estas palabras? ¿Qué clase de mal sugiere el interrogador que anda rondando por ahí y al que la sociedad necesita atacar para que tú y yo estemos a salvo?

¿La guerra nuclear? Estoy de acuerdo. Una sociedad debe asumir la responsabilidad de protegernos a todos de un holocausto nuclear. ¿Y lo asesinos en serie? Otra buena suposición. El FBI gasta mucho tiempo y recursos asumiendo la responsabilidad de asegurar que tú y yo estemos a salvo de los Hannibal Lecter del mundo. ¿Y un brote de la gripe aviar, E. coli, o alguna otra enfermedad mortal? Buena suposición nuevamente. El Centro para el Control de Enfermedades de los Estados Unidos te cubre en ese aspecto.

Entonces, ¿a cuál de estos peligros mortales se refería la cita del inicio cuando preguntó en qué momento debe intervenir la sociedad y asegurarse de que tú estés bien?

La respuesta: *ninguno*. Adivina quién fue el inculpado que generó esta cita. Te voy a dar una pista. La cita viene del fallo de un juez federal de los Estados Unidos. ¿Todavía intentas adivinarlo?

El autor de un delito tan peligroso que para protegerse del mismo pudiera requerirse el poder colectivo de toda nuestra sociedad es:

Una hamburguesa de McDonald's.

Considéralo. Fue necesario que un tribunal federal de los Estados Unidos descifrara la respuesta a esa pregunta. ¿Por qué? Porque dos niñas tenían sobrepeso y aseveraban que McDonald's era responsable de sus hábitos alimenticios. El abogado de las demandantes argumentó que la comida de McDonald's era «adictiva física o psicológicamente». Desde esa perspectiva, las pobres niñas no tenían posibilidades. Los Arcos Dorados extendían las manos, las agarraban, las hacían entrar y las obligaban a comer.

Pero prevalecieron el sentido común y el orden creado, como argumentaremos. Parte de la opinión del juez sostenía que «si los consumidores saben (o debieran saber lógicamente) las posibles consecuencias dañinas para la salud de comer en McDonald's, no pueden culpar a McDonald's si de todas maneras escogen saciar su apetito con un exceso de productos de tamaño extra grande de McDonald's».[1]

Gracias, juez, por dar cierta cordura a este cuadro. Pero este presenta una pregunta aún mayor. ¿Cómo hemos llegado al punto en que una persona pueda siquiera pensar en demandar a una hamburguesa por su problema de sobrepeso? ¿Fueron los permisivos años sesenta los que acabaron con la responsabilidad personal en nuestra cultura? ¿Fue el humanismo que dijo que la humanidad es básicamente buena y que es nuestro medioambiente malo lo que hace que cometamos errores? ¿Fue la crianza permisiva que enseñó a toda una generación que no tiene responsabilidad por nada, que nada malo que pase jamás será culpa mía? ¿Fueron los psicólogos quienes dijeron que disciplinar a un niño podría herir su autoestima? ¿O fueron todas esas hamburguesas que nos comimos que nos hicieron pensar de esta manera?

En realidad, a pesar de lo mucho que nos gusta hablar de cuánto se ha descarriado nuestra sociedad (y eso es verdad), culpar a otros no es un problema nuevo que haya creado la Norteamérica del siglo veintiuno. Aunque sí parecemos haber perfeccionado la culpa como una manifestación del arte legal y cultural, este no es un fenómeno moderno. De hecho, ha sido parte de la naturaleza humana desde el comienzo de los tiempos.

Cuando Dios le preguntó a Adán el equivalente de «¿Por qué te comiste la hamburguesa?», el fruto prohibido en el caso de Adán, Adán rápidamente culpó a su esposa: «Él respondió: —La mujer que me diste por compañera me dio de ese fruto, y yo lo comí» (Génesis 3:12).

Cuando Dios le preguntó a Eva acerca de este asunto, ella traspasó la responsabilidad de manera similar. «Entonces Dios el Señor le preguntó a la mujer:

—¿Qué es lo que has hecho?

—La serpiente me engañó, y comí —contestó ella» (Génesis 3:13*)*.

Lo único que Adán necesitaba era un abogado y podía haber demandado a Dios, a Eva y a la serpiente. O quizá podían haberse aliado y presentado el primer proceso legal conjunto. Pero la verdad es que hay un problema fundamental con la naturaleza humana, tal y como han observado los filósofos, psicólogos y teólogos durante siglos. El problema sencillamente es este: *No asumimos la responsabilidad por nuestras propias vidas.*

Pasamos la culpa y la responsabilidad a otros. Es parte de quiénes somos y ha sido así desde el primer día. No lo aprendimos del medioambiente, aunque nuestro medioambiente puede aumentarlo. En cambio, lo traemos al mundo como una tendencia que viene con el hecho de ser humanos.

Ahora bien, sin dudas tenemos *motivos* para no asumir la responsabilidad por nuestra propia conducta y nuestras vidas. Adán y Eva lo hicieron en parte porque estaban avergonzados y tenían miedo. Esos también son motivos importantes para nosotros. Nadie dijo nunca que culpamos sin un buen motivo. Hasta las niñas del pleito contra McDonald's tenían luchas y factores determinantes que hacían que al autocontrol les resultara difícil. No hay dudas al respecto. Quizá se sentían avergonzadas, impotentes o temerosas. Cualquiera que piense que va a ayudar a una persona con sobrepeso con solo decirle: «Es tu decisión. Deja de comer», nunca ha tenido sobrepeso o nunca ha trabajado con muchas personas que tengan sobrepeso o adicciones. Los factores externos sí influyen en nuestra conducta. Hasta la Biblia lo afirma.

Pero el hecho de que haya motivos que nos impulsen a hacer las cosas y el asunto de si somos responsables de lo que hacemos con eso, son dos asuntos muy diferentes. El punto principal es este: No importa qué motivo impulse a una persona a comer en exceso, ya sea el estrés, los anuncios de McDonald's, el aburrimiento, la falta de educación, una mala niñez o cualquier otra cosa, sigue habiendo una realidad: *si comes en exceso, aumentarás de peso.* El «por qué» lo hiciste, no importa cuán válido sea, no solucionará el problema. Lo mismo sucede en las vidas de las personas todos los días. *Cuando tenemos éxito al culpar a alguien por nuestros problemas, aún no estamos más cerca de una solución para ellos.* No obstante, lo hacemos de todas maneras para hacernos sentir mejor temporalmente. Y cuando lo hacemos, todavía seguimos con los problemas.

De estas niñas haber ganado su pleito, habría sido lo peor que les sucediera porque reforzaría la creencia de que otra persona tenía el control de su conducta. Por lo tanto, eso no les habría acercado más a resolver su problema con el peso.

De cierta manera podría haberles hecho sentir mejor que McDonald's les concediera un gran arreglo por haberlas hecho gordas. Podrían haber superado temporalmente algunos malos sentimientos por tener exceso de peso. Yo no las conozco, así que no puedo afirmarlo. Pero sí puedo decir una cosa: no habrían estado un paso más cerca de tener un peso normal. Ni una onza. Ni una fracción. ¿Por qué? Porque son ellas las únicas que pueden hacer algo con relación al problema. Son ellas las únicas que pueden negarse a comer las hamburguesas. Son ellas las únicas que tienen el control de eso. Y al final, todo es cuestión de control. ¿Quién lo tiene a fin de cuentas? Como veremos, eso es lo único que importa.

Todo es cuestión de control

Conozco a un hombre cuya niñez no fue la mejor. Su madre lo usaba para resolver sus problemas y su padre no le ofreció el apoyo crucial para darle confianza en lograr sus sueños. En maneras muy tangibles a él no lo trataron justamente. Ahora tiene un trabajo que no le gusta y sale con una mujer que lo trata de manera muy parecida a como lo hicieron sus padres. Ella lo usa y no le da apoyo.

Cada vez que él piensa en el trabajo que detesta y su mala relación, reacciona de manera familiar. Se molesta y se queja. Ninguno de sus problemas es culpa suya. Se queja de que la empresa no se interesa en él y de cómo usan a sus empleados para sus propias metas. Y se queja de que su novia solo piensa en ella y siempre se sale con la suya. Cuando le hablé de buscar otro trabajo, dijo que su novia está en muchas cosas en estos momentos y que él pasa tanto tiempo ayudándola que le queda muy poco para buscar trabajo.

Además —dijo él—, realmente ahora no están contratando a nadie en mi campo.

¿Y en otro campo? —le pregunté—. ¿Y ese interés en las computadoras de que me hablaste?

—Bueno, tendría que obtener otro título.

—Sí, ¿y por qué no lo haces? —le pregunté.

—Bueno, tú sabes cómo son las escuelas con la gente que ya tiene una profesión. No les gusta matricular alumnos que no tengan experiencia en el campo de esos programas para adultos. Los que tienen experiencia son los que obtienen los puestos —contestó él.

Y así la conversación continúa en un círculo interminable. Por fin me doy por vencido. *Pobre hombre,* pienso yo. *Está atrapado en una prisión.* Pero el problema con su prisión es que él es quien tiene la llave y, sin embargo, no lo sabe. Es él quien tiene el control de su vida y no obstante piensa que son las demás personas. Es él quien único puede hacer algo con respecto a sus problemas y, sin embargo, es él quien dice que no puede hacer nada. Desde su perspectiva, sus problemas no son culpa suya. Si tan solo su novia se volviera menos menesterosa y exigente, o si tan solo su empresa se interesara e hiciera más por él; o si las universidades se volvieran más comprensivas, solo entonces su vida sería diferente. Mejorar siempre depende de otra persona. Y ya que nadie lo hace, no mejora.

Ahora bien, si le preguntaras, él no diría esto directamente, pero eso es en efecto lo que está diciendo y viviendo cada día. Porque si su novia, su empleador y la universidad son los motivos de que las cosas no estén mejores para él, entonces su única esperanza de que algo mejore alguna vez es que estas cambien. En su mente, tienen todo el poder y el control sobre su vida.

Las niñas con sobrepeso tenían la misma actitud. «Si McDonald's me puso así, entonces mi única esperanza es que McDonald's haga algo para hacerme diferente». Pues adivina, ni McDonald's, ni la novia de mi amigo, ni su empresa, ni las universidades están haciendo reuniones ahora mismo para ver cómo planean hacer que las vidas de estas personas sean diferentes. Las mismas personas son las únicas que pueden hacer eso.

Tengo otra amiga que tiene un trasfondo similar. Muy poco apoyo, ánimo o ayuda por parte de su familia. La hirieron de dos maneras: primero, con las cosas dañinas que le infligieron. Y segundo, al privarla de las cosas buenas que necesitaba. Pero su reacción fue muy diferente a la del primer amigo que mencioné.

En algún momento en el camino ella aprendió la diferencia entre lo que nos sucede y lo que hacemos con eso. Ella aprendió que no son las cosas malas que nos suceden lo que determina nuestro destino sino cómo reaccionamos ante ellas. Ella aprendió que nadie puede controlar tu vida si tú no se lo permites. En pocas palabras, aprendió que ella es «dueña» de su vida y no nadie más. Y es el dueño quien tiene los derechos.

Ella aprendió que si su familia no le daba el apoyo y la validez que ella necesitaba, tenía la libertad de buscarlo en otras personas. Y lo hizo. Se unió a una comunidad espiritual que la amaba y apoyaba. A partir de esa base, ella creció hasta volverse fuerte desde el punto de vista emocional. Aunque sus padres le causaron mucho dolor emocional, ella aprendió que tenía la libertad de buscar ayuda para tratar ese dolor, aprender patrones nuevos para relacionarse y mejorarse. Así que con diligencia fue a recibir terapia, se unió a grupos de apoyo y venció el dolor significativo en su vida. Hoy es muy saludable.

Aunque los padres de esta mujer no apoyaron sus actividades intelectuales de ninguna manera, incluyendo las finanzas, ella aprendió que podía hacer sus propias elecciones y asumir ella misma la responsabilidad por esos intereses. Así que buscó trabajo, pagó por la escuela y finalmente alcanzó un título universitario y se convirtió en una profesional de un campo muy bien pagado.

Esta mujer también aprendió que no importa cuán hirientes puedan ser las relaciones de uno temprano en la vida, en tu vida adulta puedes escoger relaciones con personas que no serán hirientes. Ella escogió casarse con un hombre bueno, honesto y responsable.

Aunque Dios no libertó a esta mujer del sufrimiento en el mismo instante en que oró, ya fuera en su infancia o después, ella aprendió que no tenía que escoger creer que él no existe o que no le interesa solo porque la sanidad no es instantánea. En cambio, escogió creer lo que él dice acerca de nuestra vida en un mundo en el que las personas tienen libertad y opciones, y en ocasiones, usan esa libertad para herirnos. Ella comprendió que él no tiene la culpa de eso. Como resultado mantuvo viva una fe que la llevó a muchas experiencias de su intervención, sanidad y liberación. Ella no se amargó con Dios, como los israelitas que enfrentaron dificultades en el desierto, no renunció a su fe ni abandonó a Dios. En lugar de eso, se convirtió en una de aquellos que le siguieron por el desierto hacia la Tierra Prometida.

Y, lo que creo que es su mayor *logro*, esta mujer aprendió que aunque tal vez tus padres no te den lo que necesitas en la vida, tú no tienes que perpetuar ese modelo y pasarlo a otra generación. Ella, por el contrario, crió a sus hijos de forma maravillosa y ellos crecieron y llegaron a ser gente saludable y responsable.

Su vida no perteneció a sus circunstancias, sus padres, su falta de recursos ni su falta de opciones. Su vida le pertenecía. Era un regalo de Dios. Y ella no iba a permitir que lo sucedido la controlara durante el resto de su vida. No esperó que otra persona cambiara las cosas solo porque fuera culpa de otra persona la manera en que a ella la trataron, y así era. Ella se apropió de su vida. Incluso si no causó los problemas, tomó la iniciativa de resolverlos. Se hizo cargo de lo que sucedió a partir de ese momento y en lo adelante. Esa fue la diferencia entre mis dos amigos. Uno fue una víctima perpetua y la otra, una persona victoriosa.

¿Qué es una persona?

La Biblia nos dice que en el comienzo Dios creó a las personas «a su imagen» (Génesis 1:27). Esto significa muchas cosas, pero una cosa sobresale en relación al tema que nos ocupa: la capacidad de escoger lo que uno quiere ser. Esta capacidad de escoger es aquello que se denomina «voluntad». Literalmente el término «voluntad» significa «deseo». Pero para los seres humanos creados a la imagen de Dios significa mucho más que eso. Los animales tienen deseos o apetitos. Pero solo los seres humanos tienen la capacidad no solo de desear las cosas, sino la voluntad creativa de asumir la responsabilidad por ese deseo y hacer posible que se logre. Esa habilidad creativa reside en la naturaleza de Dios y él nos la ha transmitido. Tu perro va a vivir donde tú decidas que vas a vivir. Pero tú, un ser humano y no un canino, tienes una elección creativa. Dios ha delegado dos cosas en ti:

La capacidad de crear y responder a la vida

La realidad de las consecuencias de esas elecciones

A menudo no puedes escoger lo que te sucede. No puedes determinar la suerte que te toca, pero siempre puedes hacer algo:

Siempre puedes crear, buscar y encontrar un rango de opciones para determinar cómo reaccionarás a lo que sucede y cómo jugarás con la suerte que te ha tocado.

Adán no escogió cuántos árboles se le dieron en el huerto, pero sí escogió de cuáles comería. Las chicas del litigio no escogieron que McDonald's hiciera y anunciara comida que les hiciera aumentar de peso. Pero sí escogieron cómo responderían a esos anuncios. Mi primer amigo no escogió padres que le enseñaran lo que son las relaciones que no dan apoyo. Pero sí escogió buscarse una novia que era como ellos. Además, escogió permitir que la falta de apoyo y el egoísmo de ella controlaran su vida. Él, además, escogió quedarse en el estado en que su familia lo dejó en lugar de intentar salir del mismo. Era mucho más fácil culpar que cambiar. Como resultado, él escogió la forma de su vida: una sentencia tras otra de culpabilidad.

No siempre nos gusta la tremenda libertad para seleccionar que realmente tenemos. Nos asusta. Nos hace responsables. Pero es una realidad. Esa libertad de escoger es el elemento que explica la diferencia entre mis dos amigos. Ambos provenían de trasfondos difíciles y enfrentaron obstáculos difíciles. Pero la manera en que escogieron reaccionar ante dichas circunstancias fue muy diferente. Y la diferencia en sus elecciones creó resultados muy diferentes.

Cada uno de nosotros enfrenta circunstancias difíciles en la vida. A cada uno Dios nos concede talentos, cerebros y habilidades con las cuales enfrentarlas. Y luego nos da la opción de cómo responder a estas. Él nos da una tremenda libertad y responsabilidad. Escucha cómo el delegar responsabilidades se describe desde el principio:

> Entonces Dios el Señor formó de la tierra toda ave del cielo y todo animal del campo, y se los llevó al hombre para ver qué nombre les pondría. El hombre les puso nombre a todos los seres vivos, y con ese nombre se les conoce (Génesis 2:19).

Dios no hizo el trabajo de Adán al ponerle nombre a los animales. Lo que hizo fue darle a Adán la habilidad creativa para pensar en opciones y ponerles nombre. Si mi primer amigo hubiera estado en el huerto, él habría dicho: «Dios es así, ¿no? Me dice que le ponga nombre a todas estas criaturas pero ni siquiera me da una lista con todos los nombres posibles. ¿Cómo se espera que yo haga esto? Él no me da ningún apoyo. Tal vez le ponga una demanda por un ambiente de trabajo que no brinda apoyo, por falta de capacitación y por escasa ayuda a los empleados».

Es algo así como lo que dijo el perdedor en la lotería de la responsabilidad de la parábola de los talentos. ¿Recuerdas la historia? El amo entrega a tres personas diferentes, cantidades diferentes de recursos para invertir. Los primeros dos hacen sus inversiones y obtienen buenos dividendos. El amo los premia con más recursos. Pero el tercero era como mi primer amigo. Él culpó al amo de no darle lo que él creía que necesitaba para hacerlo funcionar, así que no hizo nada con lo que se le había confiado. Escucha sus palabras:

> «Después llegó el que había recibido sólo mil monedas. "Señor —explicó—, yo sabía que usted es un hombre duro, que cosecha donde no ha

sembrado y recoge donde no ha esparcido. Así que tuve miedo, y fui y escondí su dinero en la tierra. Mire, aquí tiene lo que es suyo."

Pero su señor le contestó: "¡Siervo malo y perezoso! ¿Así que sabías que cosecho donde no he sembrado y recojo donde no he esparcido? Pues debías haber depositado mi dinero en el banco, para que a mi regreso lo hubiera recibido con intereses.

Quítenle las mil monedas y dénselas al que tiene las diez mil. Porque a todo el que tiene, se le dará más, y tendrá en abundancia. Al que no tiene se le quitará hasta lo que tiene. Y a ese siervo inútil échenlo afuera, a la oscuridad, donde habrá llanto y rechinar de dientes"» (Mateo 25:24-30).

Observa algo. Dios no dijo: «¿De que estás hablando? ¡Yo no he sido malo contigo! Te he dado todo lo que necesitabas para que tuvieras éxito con tu talento!» Ni tampoco dijo: «¡Caramba, tienes razón! Es difícil tener un solo talento. Vamos, voy a hacer tu trabajo». El asunto no era lo que Dios le había dado a este hombre y lo que no le había dado. El asunto era uno: ¿qué hizo él con lo que Dios le dio? ¿Cómo lo utilizó? ¿Cómo respondió a las opciones que tenía a su disposición? De haber dado lo mejor de sí y fallado, no lo habrían evaluado por el fracaso. La evaluación se basaba sencillamente en si actuó de manera responsable con lo que se le había entregado.

Cuando el hombre dio excusas, acusando a Dios por su dureza al punto de esperar demasiado de una persona, Dios pudo haber dicho: «No, yo no soy duro. Yo no pido una devolución cuando no he dado nada. ¿Acaso no te inicié con un talento?» Pero él no dijo eso porque el asunto iba más allá de si el siervo tenía una buena excusa o no. De hecho, ¡la respuesta de Dios al hombre reconocía que sus excusas podían haber sido reales! Pero no importaban. Él dijo que incluso si esas cosas eran verdad, el hombre de todos modos debió haber hecho algo. Al menos, debió asumir la responsabilidad y haberle dado algún uso al dinero. En otras palabras, no hay excusas.

Quizá nuestras excusas de cierta manera definan y describan nuestras opciones, pero no eliminan nuestra responsabilidad. Todavía tenemos la libertad de responder a cualquier cosa que nos acontezca, ya sea que tengamos montones de talentos o solo uno.

Todos tenemos ciertas esferas en nuestras vidas en las que solo tenemos «un talento». Y será en esas esferas en las que más temeremos tomar una decisión positiva. Pero Dios ha diseñado el universo de manera tal que espera que utilicemos la libertad que nos ha dado para asumir la responsabilidad por nuestra situación, busquemos las posibles opciones y respondamos a estas.

Y los resultados de nuestras opciones serán sencillamente lo que son. Él no siempre nos protege de los malos resultados, aunque a veces puede que lo haga. En la mayoría de los casos él permite que cosechemos el resultado de nuestras decisiones, ya sean positivas o negativas. Él no responderá indulgentemente por nuestras tontas decisiones y pensará que es responsable de sacarnos del apuro. De hecho, esa fue parte de la tentación que el diablo le presentó a Jesús. Satanás le dijo a Jesús que se lanzara de un precipicio y que no se preocupara porque Dios lo salvaría. Incluso usó una cita de la Biblia para respaldar su tentación. Pero Jesús le respondió con una reafirmación muy fuerte del principio de la responsabilidad: «También está escrito: "No pongas a prueba al Señor tu Dios"» (Lucas 4:12). No es un acto de fe no asumir la responsabilidad de nuestra vida y luego pensar que Dios de alguna manera es responsable de los resultados.

Comenzó cuando Dios les dio a Adán y a Eva un paraíso junto con la capacidad para gobernarlo y luego hacerles responsables por lo que pasó. Ese fue sencillamente el orden creado de las cosas. Y ese orden creado todavía prevalece, aunque ahora esté deteriorado y confuso por el pecado. Dios nos da una vida y diversos grados de recursos para manejarlos y lidiar con ellos. Algunas veces él permite que sucedan cosas malas y nos ofrece ayuda y otras nos da la salida de la dificultad o mediante esta. Pero aunque él nos ayuda y nos da los recursos, todavía exige responsabilidad de nuestra parte para vivir nuestras vidas al tomar decisiones responsables, y los resultados siempre serán un testimonio de cuán bien tomamos esas decisiones.

Esto no es solo un tipo de teología teórica. Si no me crees, súbete a la pesa y mira la realidad. Con McDonald's o no, las pesas no mienten, nuestras vidas pesan lo que realmente son. La realidad es lo que es. Y gran parte de lo que a fin de cuentas edifica esa realidad es la decisión nuestra. Gran parte de esta depende de nosotros.

CÓMO REGALAMOS EL DOMINIO AL EXIGIR QUE LA VIDA SEA JUSTA E IMPARCIAL

Cuando pensamos en los términos justo o imparcial, estamos pensando en la manera en que la vida debiera ser. El diccionario lo define como precisamente aquello que es correcto o merecido. Cuando uno dice: «Recogió lo que sembró», lo que está diciendo es que obtuvo lo que se merecía en la situación. Recibió justicia, y justicia es uno de los conceptos más importantes en el universo. Según la Biblia, uno de los sellos de una persona espiritual es practicar la justicia y buscarla para aquellos que no la reciben, especialmente aquellos incapaces de buscarla por sí mismos.

Pero la razón por la cual Dios nos pide que busquemos la justicia y la practiquemos es porque vivimos en un mundo que no funciona de manera justa. La cruda realidad es que el mundo que tenemos hoy no es un lugar justo ni equitativo. No funciona según las reglas de «cómo debieran ser» las cosas. A menudo las personas no obtienen lo que se merecen. De hecho, a menudo las personas obtienen cosas que no merecen, cosas terribles que les hieren de manera significativa. Esa es la realidad que encontramos en este mundo. Y parte de creer en Dios y servirle es corregir cualquier cosa que encontremos que esté hiriendo a alguien, y así tratar con esta cruda realidad.

Las personas que son dueñas de sus vidas lo hacen en la realidad y no en el mundo de fantasía de la manera en que la vida debiera ser. Eso significa que se adueñan de sus vidas en el mundo que es y no en el que ellos quisieran que fuera. Se adueñan del hecho de que vivimos en un mundo que no es ni justo ni equitativo, y tratan con esa realidad. No gastan mucha energía protestando porque es una realidad injusta, exigiendo que el mundo sea diferente. Tratan con el mundo tal y como es. Como resultado, son eficientes al encontrar soluciones para la vida, incluso cuando la vida les ha repartido realidades duras que sencillamente «no debieran ser».

Sin embargo, otras personas no enfrentan la realidad de manera tan realista. Se niegan a ser dueños de sus vidas en el mundo en que se encuentran. Quieren un mundo diferente, un mundo que sea bueno y justo, donde las personas hagan lo que se supone que deban hacer. Quieren un mundo en el que las personas los traten como se supone que los deban tratar, y donde a la gente buena les pasen cosas buenas y a los malos, cosas malas. Eso es justo y así es como debiera ser.

Es un deseo maravilloso. Ese tipo de mundo fue el deseo de Dios para nosotros desde el principio. Pero el mundo no es así. Dios comprendió el hecho de que el pecado arruinó el orden creado y ofreció perdón a gente imperfecta, junto con la oportunidad de que trataran con la injusticia y la falta de equidad para lograr una vida plena. Pero algunas personas nunca lo entienden, nunca aceptan el hecho de que el mundo ya no es perfecto. Todavía quieren que sea perfecto y se sientan a protestar porque no lo es. Culpan a otros, en algunas ocasiones hasta con razón, por sus situaciones. No es culpa de ellos. Y aunque malgastan el tiempo pensando en cómo debiera ser la vida, siguen atrapados en sus problemas porque no tratan con la realidad tal y como es.

Las personas eficientes son mi otra amiga. Desean justicia y la buscan. Pero cuando esta no aparece, no se quedan atascados. Se ponen en acción y buscan la mejor solución a su situación. Buscan respuestas que no vienen de aquellos que están rebajando sus vidas con cargas injustas. Como Dios, miran a un mundo imperfecto y tratan con él. No se quedan atascados en el síndrome de «la vida debiera ser justa y me voy a sentar aquí a exigir que lo sea». Ellos escogen la actitud de «cuando la vida no sea justa, haré todo lo que me sea posible para buscar una respuesta al problema que enfrento».

Un día, en nuestro programa radial, llamó una mujer y dijo que su madre la había tratado miserablemente durante la fiesta de Acción de Gracias.

La persona que llamó había reingresado a la escuela y estaba en búsqueda de sus sueños, y su madre la criticaba por malgastar el tiempo tratando de superarse. «Mi madre me criticó tanto. Me dijo cosas muy terribles como: "¿por qué estás haciendo eso? Nunca vas a poder vivir de ese trabajo. Estás demasiado vieja para eso. ¿Por qué no te buscas un trabajo de verdad y te quedas ahí?" Fue horrible. Me echó a perder las vacaciones».

Luego de percibir que esta persona no era una niña, le dije:

—Eso es terrible. Por cierto, ¿qué edad tiene usted?

—Cuarenta.

—Entonces, ¿es esta la misma madre que ha tenido durante esos cuarenta años?

—Claro.

—¿Y es esta la primera vez que ella no le ha mostrado apoyo o que la ha criticado?

—¡Por supuesto que no! Siempre es así. Es muy mala. Siempre arruina mis planes y mis sueños. Nunca me ha dado apoyo.

—Vaya. ¿Y que tenía esta ocasión en particular que la hizo pensar que ella iba a cambiar por arte de magia y ser una persona diferente? —le pregunté y añadí con gentileza—, ¿Por qué esperaba que eso sucediera? En este caso, ¿quién cree que está loca?

A la persona no le gustó lo que dije, pero lo entendió. Es verdad, su madre debía apoyarla. En un mundo perfecto todos debieran tener una madre que los apoye. Pero su madre no era así y no todas lo son. Así que la persona que llamó estaba arruinando su vida al tratar con esta de la manera «la vida debiera ser como debe ser». En lugar de decirse a sí misma: «Mi madre no me da apoyo, así que mejor lo acepto y asumo la responsabilidad de dar apoyo a mis necesidades», ella se hundía ciegamente y actuaba de acuerdo a la manera en que deseaba que el mundo fuera. Como resultado, estaba desilusionada.

De no haberse aferrado a ese requisito de justicia, habría podido seguir adelante con su vida. La llamada que me hizo habría sido diferente. Hubiera sonado más o menos así:

«Tuve unas vacaciones fabulosas. Después de matricularme en la escuela fui a ver a mi madre. Como siempre, ella se burló de mi decisión y me hizo sentir mal al respecto. En tiempos pasados yo siempre deseaba que ella me diera su apoyo, y cuando no lo hacía, siempre me sentía herida y desilusionada. Pero ahora, en lugar de pensar que ella debiera ser algo que no es, busqué el apoyo de amigos que me lo dieron antes de visitar a mi madre. Así que no tuve la necesidad de buscarlo en ella. En cambio, pude simplemente estar con ella y amarla como es. La acepté como es, con sus limitaciones y disfruté de ella y de la visita. Como resultado, no le di el poder sobre mi vida que ella solía tener. Fueron unas vacaciones muy buenas».

Por cierto, esa fue una conversación real que tuve con una persona real que era del tipo que toma posesión de su vida. Por consiguiente, ella puede vivir y amar como Dios lo hace, aceptando a la gente como son y la realidad como es. Esa es la única manera de lidiar con la vida de manera eficaz.

Esta es la gran moraleja aquí: *trata la vida tal y como es.* No te quedes atascado en protestar contra la realidad por lo que «debiera ser». Si renuncias a exigir que la vida y las personas sean diferentes de lo que son, encontrarás soluciones creativas a cada situación difícil. Y te convertirás en una persona más amorosa.

Y, antes de que te vuelvas pesimista con respecto a que la persona que quieres nunca cambiará, eso no es lo que estamos diciendo. Más adelante diremos otras cosas con relación a cómo tú puedes ser una influencia para que las personas que quieres cambien. Pero primero tienes que hacerte dueño de tu propia situación, cualquiera que sea. Si tu dificultad es un esposo o esposa que no dan apoyo, acepta la realidad del problema y hazte cargo de lidiar con eso. Entonces, y solo entonces, serás capaz de encontrar la mejor solución. Si solo te quedas atascado y quejándote de que él o ella debiera ser diferente, y sigues impotente y miserable hasta que esa persona cambie, entonces estás atrapado en una prisión. Recupera el poder. Puedes ser libre de cualquier situación que te rodee hasta el grado en que estés dispuesto a asumir la responsabilidad y dominio de esta, incluso si no es culpa tuya.

A diario las personas transforman las malas relaciones. A diario las personas transforman los malos trasfondos. A diario las personas transforman sus vidas injustas. ¿Cómo lo hacen? *Al abrazar la realidad tal cual es, haciéndose dueños de su situación y asumiendo la responsabilidad de esta.* Haz eso y le llevarás la delantera al mundo. Y de eso se trata este libro, queremos despertar tu poder para prosperar, a pesar de las situaciones que están muy lejos de ser ideales, ya sea que se trate de relaciones malas, orígenes malos o malas circunstancias. Todo depende de *ti*. Solo tú puedes dar el primer paso, puedes escoger renunciar a tus exigencias de que la vida sea algo que no es y tener dominio sobre ella por lo que es. Aceptar la realidad y dejar de quejarte. Así que, ¿está lloviendo? Entonces puedes buscar una sombrilla y hacer que sea un buen día o puedes salir y quejarte porque te estás mojando. Todo depende de ti. Renuncia a lo «justo» y vive la vida.

Reconoce que esta no es la primera vez

«¿Es esta la primera vez que su madre no le ha brindado apoyo?», pregunté a la persona que llamó.

«¿Es esta la primera vez que sales con alguien que no se ha podido relacionar?», le pregunté a la persona soltera que llevaba seis meses con una relación decepcionante.

«¿Es esta la primera vez que eres víctima de una promesa con respecto a un nuevo negocio muy bueno que no resultó?», le pregunté al hombre de negocios que se sintió embaucado otra vez.

«¿Es esta la primera vez que tu fuerza de voluntad y tu compromiso no te han producido la pérdida de peso que esperabas?», le pregunté a la mujer que estaba desanimada ante su fracaso con las dietas.

Pudiera continuar, pero ya tienes la idea. Es lo que nos sucede a todos. Tenemos patrones de fracaso, y funcionan bien. No necesitamos patrones nuevos porque los viejos funcionan de lo mejor. Piénsalo. Mira en retrospectiva a los fracasos que has experimentado en relaciones, estados de ánimo, metas, profesiones, hábitos o lo que sea. Todos tienen la tendencia de seguir el mismo camino. Conoces al hombre, te enamoras, haces que él te busque, te adaptas a lo que él quiera, pasan un buen tiempo, él pierde interés, tratas de recuperarlo y finalmente él te deja. Y luego repites eso en las próximas siete relaciones.

O, experimentas un fuerte deseo por determinada relación, te desilusiona, discuten, se quedan atascados en el conflicto, se alejan, se vuelven a unir y no lo resuelven y esperan la próxima ronda.

Hay muchos ejemplos de estos ciclos repetitivos, pero la verdad es lo que es: tenemos patrones de fracasos. Son muy predecibles. A menudo, cuando viene a verme alguna pareja para recibir consejería, uno de los dos hace una afirmación acusatoria con relación al otro. «Está bien, para ahí» diré yo. «¿Sabes lo que tu pareja va a decir o hacer como reacción a lo que acabas de decir? ¿Ya sabes hacia dónde se dirige esta conversación?» Invariablemente la respuesta es *sí*. Eso trae a colación la pregunta evidente: «Entonces, ¿por qué lo haces?»

Y aquí yace la respuesta, caemos en patrones de conducta y reacción que se mantienen fijos hasta que los observamos y los cambiamos. Nos ponemos en piloto automático. Abandonamos el control consciente y solo repetimos las mismas cosas una y otra vez. Esa es nuestra naturaleza innata y no cambiará hasta que trabajemos en cambiarla. Lo has escuchado antes, el necio insiste en su necedad, o de manera más gráfica, vuelve el perro a su vómito (ver Proverbios 26:11). Eso significa que mientras no veamos nuestros patrones de conducta y asumamos la responsabilidad por estos, los vamos a seguir repitiendo.

Adueñarse es ver esos patrones y asumir la responsabilidad por estos. Si continuamente te sientes decepcionado por determinadas situaciones que se repiten, entonces llegó el momento de reconocer el patrón improductivo y hacerse dueño del mismo. El adagio encierra cierta verdad: «Engáñame una vez y la vergüenza es tuya, engáñame por segunda vez y la vergüenza es mía». En otras palabras, cualquiera puede ser engañado. Pero una vez que se nos ha embaucado, nos apropiamos y nos hacemos responsables de nuestras reacciones y expectativas para evitar que suceda de nuevo.

A veces eso significa no ponernos en la misma situación o, al menos, no con las mismas expectativas. Piensa en la persona que me llamó de la que hablamos, la hija con la madre degradante. Ella podía escoger no visitar a su madre y no ponerse en la misma situación o visitarla pero cambiar sus expectativas de que su madre le diera apoyo.

En otras ocasiones, apropiarse significa que comprendamos con quién estamos tratando. Los comprendemos como son, no como quisiéramos que fueran. Nos apropiamos de la realidad antes de tratar de mejorarla.

María tenía un esposo que «no entendía». Llevaban cinco años de casados y ella se sentía herida y desilusionada por la constante conducta de él. Pero cuando ella reaccionaba con críticas, él invariablemente replicaba y se metían en un atolladero que siempre la hundía en una desesperación sin remedio.

Pero entonces ella aprendió acerca de los patrones. Vio que su propio patrón se repetía reiteradamente esperando que él fuera diferente a como era y cuando no resultaba así, sufría una y otra vez. Su primera reacción era retraerse y pensar: «Él nunca va a ser diferente. No tiene remedio». Dada la cantidad de dolor que ella había soportado, yo la entendía. Hubiera estado justificada si se rendía. Pero fue lo suficientemente fuerte como para no rendirse y lo suficientemente sabia como para buscar una respuesta en su propio patrón. Cuando ella examinó el patrón se dio cuenta de que el problema que este tenía no era querer que la situación mejorara sino lo inútil de pensar que mejoraría cada vez que ella y su esposo tuvieran una discusión. Así que se reorganizó.

Ya que el esposo de María era abierto al cambio, aunque un poquito lento para producirlo, ella decidió poner un freno al viejo patrón y probar algo diferente. Establecería un nuevo patrón y sencillamente aceptaría el hecho inevitable de que él sería lento para comprenderlo y poco entusiasta en su reacción. Ella deseaba y pedía más, pero si él lo echaba a perder, ella lo entendería y tomaría con calma el hecho de que esto sería parte de la situación. Parte del nuevo patrón sería lidiar con esa realidad. Ella se adueñó de su situación y no le permitió que le hiciera daño o que destruyera su matrimonio.

En cambio, ella renunció a su antiguo patrón de reaccionar ante los fracasos de él y ganó el control. Desde entonces, cada vez que él se volvía pernicioso, ella le decía que iba a salir con su grupo de apoyo y darle algún tiempo para que pensara en su conducta. Cuando él estuviera listo para verlo como un problema, ella estaría contenta de hablar con él.

El nuevo patrón de María le permitió permanecer en control de sí misma en lugar de permitir que los fallos de él tuvieran sobre ella el poder que habían tenido antes. Como resultado, él no tuvo otra opción que lidiar con sus fallos. Al cambiar su patrón, María hizo dos cosas: Primero, se evitó salir herida por las fallas de él al aceptar la realidad que existía en lugar de la realidad que ella deseaba. Ella lo vio tal y como él era. Segundo, asumió una posición que no permitió que el problema de él se convirtiera en su problema. Al pasar por encima del problema de él, ella se convirtió en un agente de cambio positivo en su relación.

Pregúntate: *En los aspectos significativos y que me interesan de mi vida, ¿qué patrones poco útiles estoy repitiendo?* Cuando descubres dicho patrón, encuentras un aspecto de responsabilidad. No eres responsable de las cosas malas que te suceden, pero sí eres responsable de los patrones que tú creas como reacción a estos. Busca los patrones y encontrarás una oportunidad de crecimiento, cambio y poder. Si cada vez que paso por McDonald's entro y me como cinco hamburguesas con queso, me haría bien ver un patrón y no manejar por esa ruta. Comprende tus patrones y aprópiate de ellos. Cuando lo hagas, comenzarás a ver opciones alternativas. Si cada vez que te veas en una situación *A*, haces *B* y obtienes resultados negativos, más vale que reconozcas que esto simplemente no es que algo te esté sucediendo. Es posible que tengas cierta responsabilidad en el asunto. Y la buena noticia es que donde quiera que tengas responsabilidad, tienes la oportunidad para el cambio, la decisión, el poder y un nuevo resultado. Si —y es un gran si condicional— asumes la responsabilidad de ese patrón.

Hace poco me alegré por la victoria de un amigo. Él llamó a otro amigo y le dijo: «Quiero que me pidas cuentas de mis salidas. Veo un patrón que no me está llevando adonde yo quiero ir. Sigo saliendo con mujeres que no tienen los valores y el carácter que yo quiero a largo plazo. Me involucro demasiado con ellas y ellas quieren que me comprometa y no puedo. Así que terminamos la relación y ambos salimos heridos. Quiero dejar de hacer esto. Quiero involucrarme en una relación con una mujer que comparta mis valores».

Cuando escuché eso, sentí por primera vez en cuatro años que había esperanza para mi amigo. Por fin él veía el patrón. Asumo que para esta fecha en el próximo año, él tendrá una relación con una mujer que comparta sus valores.

Así que busca tu patrón. Todos los tenemos en las esferas de nuestra vida en las que estamos estancados. La persona cuya poca fuerza de voluntad continuamente la hace sucumbir ante un McDonald's, no se diferencia en nada a aquella que una y otra vez queda herida por causa de la crítica de una madre, aunque sigue pensando que algún día su madre cambiará ni tampoco se diferencia a la persona que piensa que el próximo ardid compulsivo va a funcionar cuando los diez anteriores no lo hicieron. Busca el patrón y descubrirás el lugar para cambiar tu vida.

<h2 style="text-align:center">La verdadera desviación</h2>

¿Por qué culpamos a los demás o a las circunstancias por cosas que nos suceden? Hay muchas razones. Hablaremos de ellas más adelante, pero una que queremos considerar aquí es la desviación. La desviación quita nuestra atención del hecho de que tenemos responsabilidad. Nos desvía de hacer lo que tengamos que hacer para mejorar la situación. Mejorar la situación pudiera involucrar mucho trabajo, dolor o cambio de nuestra parte. Esa es una gran razón por la cual más personas no lo hacen. Es más fácil desviar la atención de la responsabilidad mediante la culpa. Es mucho más fácil decir: «La economía está mal y no hay trabajo», que buscar un diploma en otro campo o tocar cientos de puertas de negocios. Es mucho más fácil decir que uno es infeliz debido a que el otro miembro de la pareja no se relaciona muy bien que aprender nuevos patrones de relaciones que pudieran restaurar la relación. Es mucho más fácil ceder ante otro anuncio de hamburguesa que asistir a unas pocas reuniones de Weight Watchers. La culpa es una especie de tranquilizante para el alma. Nos desvía del esfuerzo de adueñarnos de la responsabilidad.

El problema es que como cualquier otro «tranquilizante», al final la desviación mediante la culpa no hace mucho por ti. Te comes unos cuantos litros de helado y no eres más saludable que cuando comenzaste. Date el gusto de unos cuantos litros de culpa y no estás más cerca de la solución que cuando comenzaste. La culpa es la peor de las desviaciones. No solo nos desvía de la responsabilidad sino que nos desvía del verdadero problema que tenemos: lo que nos estamos perdiendo por no hacernos dueños del problema. Al final, lo que importa es solucionar el problema.

Así que cambia tu enfoque. En lugar de concentrarte en lo que te está causando desdicha, prueba algo nuevo: concéntrate en tu desdicha. Concéntrate en el resultado de lo que estás haciendo. Concéntrate en lo que tu patrón y tu culpa te están costando. Si lo haces, la culpa comenzará a desvanecerse en un segundo plano ya que no tiene significado. Si miras el resultado, entonces el «por qué» no es tan importante. Lo que es importante es el «qué». Al final de la jornada el por qué el problema está ahí no significa nada. Resolver el problema lo es todo. Así que McDonald's o cualquier otra cadena de comida rápida es el motivo por el cual estás comiendo. El qué es que tienes sobrepeso y resolver el problema es lo único que importa. La culpa solo nos desvía del problema verdadero, y ese es el resultado que estamos obteniendo de nuestro patrón de conducto. Cuando veamos eso, estaremos motivados a cambiar el resultado al hacer algo diferente.

Solo tú puedes hacer eso. Solo tú puedes mirar a tu vida y preguntarte si te gustan los resultados que estás obteniendo. Solo tú puedes mirar el fruto de tu patrón de conducta, hacerte dueño del mismo y hacer algo al respecto. Si sigues saliendo con personas cuyos valores te decepcionan, puedes asumir la responsabilidad de tus elecciones y dejar de culpar al mundo entero por el resultado. Si no estás bajando de peso como quisieras, solo tú puedes hacerte dueño de tu peso y decidir cambiar tus hábitos de comida. Si no estás obteniendo lo que deseas en tus relaciones, solo tú puedes tomar ese resultado y hacer algo al respecto.

Las excusas no cambian las cosas

Una vez, cuando yo estaba dando un taller sobre el noviazgo, una mujer dijo: «Bueno, hasta es difícil encontrar una persona con la cual salir cuando uno trabaja tanto como yo. Soy una profesional y estoy tan ocupada que no logro encontrar tiempo para conocer gente nueva».

Mi respuesta fue: «Entonces supongo que solo las desempleadas encuentran novios». Ella lo negó rotundamente pero yo continué. Le dije que aunque podía ser que su excusa le hiciera sentir mejor, eso no iba a cambiar el resultado. Entonces mencioné unas diez cosas que las mujeres ocupadas hacen para conocer gente nueva y obtener buenos resultados. Reúnen servicios, cambian sus horarios, establecen mejores relaciones, visitan lugares nuevos, se involucran en el crecimiento personal para averiguar por qué no atraen a los hombres que las rodean, etc. Yo había escrito un libro sobre el noviazgo y conocía las investigaciones sobre cómo los hombres y mujeres cambian sus vidas con relación al noviazgo. Es algo que sucede con acierto todos los días. A esta mujer no le gustó escuchar la lista, esta destruía su capacidad de esconderse tras sus excusas.

Hay una cosa de la que la gente no se percata con respecto a las excusas. Por lo general son ciertas. Pero mi respuesta a eso es: *¿Y qué?* Sí, tu excusa es real. Ahora bien, partiendo de eso, ¿qué vas a hacer al respecto? Tus excusas no cambian nada. Depende de ti hacerlo. Deja a un lado las excusas y sigue adelante.

- Es verdad que no tienes tiempo para hacer ejercicios. *¿Y qué? ¿Qué vas hacer al respecto?*
- Es verdad que tu iglesia no da apoyo a tus problemas emocionales. *¿Y qué? ¿Qué vas hacer al respecto?*
- Es verdad que cierta persona en tu vida no te está dando lo que mereces. *¿Y qué? ¿Qué vas hacer para lidiar con eso?*
- Es verdad que ni una solo persona soltera buena y adecuada ha llegado a tu puerta. *¿Y qué? ¿Qué vas hacer al respecto?*
- Es verdad que tu metabolismo permite que subas de peso fácilmente. *¿Y qué? ¿Qué vas hacer al respecto?*

Recuerda, en la parábola de los talentos, el que no obtuvo resultados tenía una buena excusa. Para empezar, no tenía mucho y según él, su amo era difícil. Pero Dios llega y dice: «¿Y qué? Debiste haber enfrentado esa realidad y haber hecho algo al respecto».

La buena noticia es esta: *puedes hacerlo.* Puedes hacer algo con tu realidad. Hacerte dueño y responsable de tu vida no significa que tengas que arreglarla solo. Dios estará contigo y hará milagros. Él es un Dios que responde. Él es un Dios que divide el Mar Rojo y alimenta a miles con solo unos pocos panes y pescados. Pero también nos pide que asumamos nuestra responsabilidad: que pongamos nombre a los animales, que desenterremos nuestro talento y que hagamos que las relaciones difíciles funcionen. Él nos invita a hacerlo. Y si lo hacemos, él hará las cosas que nosotros no somos capaces de hacer. Pero él no hará aquello que podemos hacer nosotros mismos. Ese es el orden creado. Dios hará «cosas de Dios» y nosotros tenemos que hacer las «cosas de personas».

Y todavía hay más buenas noticias: hay ayuda incluso cuando no podemos hacer las cosas de personas. Aunque no podamos decirle no a una hamburguesa que lleve nuestro nombre, Dios nos ayudará a desarrollar la capacidad cuando nos adueñemos de ese problema y comencemos a lidiar con este. Él no cree que seamos capaces de hacer cosas que no podemos. Los adictos que reconocen su impotencia como primer paso lo saben bien. Pero cuando no podemos hacerlo, Dios sí nos pide que asumamos la responsabilidad y señorío de la situación y que pidamos su ayuda y la ayuda de otros.

Si das ese primer paso, las cosas pueden cambiar. O puedes echarle la culpa a la hamburguesa. Depende de ti.

2

Puedes aprender a pensar diferente

2

Cerebro: Aparato con el que creemos que pensamos.
—AMBROSE BIERCE

Desde que nuestros hijos eran pequeños, mi esposa y yo (John) hemos tratado de ayudarlos a ser responsables y estar alertas en el sentido financiero. El mundo no es muy benévolo con los adultos jóvenes que no comprenden cómo funciona el dinero. A veces yo les enseñaba los conceptos mediante chistes. Por ejemplo, cuando me preparaba para salir de la casa un sábado para trabajar en la oficina, uno de ellos decía:

—¿Por qué vas a la oficina?

—Porque necesito terminar un proyecto.

—¿Y qué pasaría si no lo terminas?

—No me pagarían por el trabajo.

—¿Y si pasa eso?

—No tendríamos dinero.

—¿Y qué pasaría entonces?

—No podríamos pagar por lo que nos hace falta.

—¿Y qué pasaría entonces?

—Entonces no podríamos vivir en nuestra casa.

—¿Dónde viviríamos?

—En una casa de campaña.

—Ah.

Cuando los muchachos eran pequeños tuvimos muchas veces esta rara conversación. Al final me miraban confusos, veían que yo bromeaba y me decían adiós mientras yo salía para la oficina.

Sin embargo, mientras más crecían, menos aceptaban mis argumentos y más iban al grano. Ahora, en su adolescencia, es más así:

—¿Por qué vas a la oficina?

—Necesito terminar un proyecto.

—Ni menciones lo de la casa de campaña, papá. Hoy es sábado. Prometiste que me llevarías a Best Buy. Vamos.

Y el papá a veces esclavo del trabajo va a Best Buy en lugar de ir a la oficina.

El pensamiento y la verdad

La historia de la casa de campaña ilustra un tipo de proceso de pensamiento distorsionado que se llama *pensamiento catastrófico*. Las personas que practican el pensamiento catastrófico ven un problema pequeño y se lo imaginan enorme, al punto de estar seguros de que se convertirá en algo desastroso. La falta de un pago traerá bancarrota, una pelea matrimonial acabará en divorcio, olvidar tomarse una pastilla producirá el ingreso en un hospital. El pensamiento catastrófico puede provocar problemas graves en tu capacidad de tomar decisiones que te realizan y de las cuales te adueñas. Puede paralizarte y mantenerte atascado en la ansiedad.

Pero el pensamiento catastrófico es solo un ejemplo de un problema mayor. Ya sea que tomes la ruta de la casa de campaña o no, es casi seguro que tengas algún tipo de problema con el pensamiento, lo que se denomina técnicamente *distorsión cognitiva,* lo cual puede entorpecer tu camino hacia el éxito. En este capítulo te mostraremos varios tipos de distorsión cognitiva.

Se ha investigado mucho con relación a las distorsiones cognitivas. La mayoría de los expertos cognitivos coinciden en que a veces nuestros cerebros llegan a conclusiones sobre las cosas de manera automática basados en algún hábito o percepción, en lugar de relacionarlas con exactitud con lo que realmente está sucediendo. Aunque a nosotros nos parece que estamos pensando de manera objetiva, la verdad es mucho más compleja. Nuestro pensamiento tiene la influencia de nuestras relaciones principales, nuestras experiencias, nuestro pasado, nuestro desarrollo, la cantidad de estrés que tengamos y muchos otros factores.

Por ejemplo, imagínate que eres una mujer que está cenando con el hombre con el cual estás saliendo. Durante la velada, la billetera de él se abre por accidente y deja caer la foto de una mujer muy atractiva. Cuando ves la foto pudieras pensar: *Ya él tiene una relación y no me ha dicho nada. No tengo futuro con este hombre.* Pero segundos después, él toma la foto y dice: «Esta es mi hermana, me gustaría que la conocieras alguna vez». Aliviada, te felicitas por no decir cada pensamiento que pasa por tu mente.

Cuando llevamos el pensamiento distorsionado al próximo nivel, el nivel de metas importantes en la vida, comenzamos a ver cuánto esto puede afectar si obtenemos o no lo que queremos en la vida. La manera en la que piensa la gente puede convertirlos en impotentes y desvalidos y llevarlos a culpar a otros.

Por ejemplo, algunas personas se ven a sí mismas y sus capacidades de tal manera que sienten que nunca podrían tener éxito. Otros ven sus opciones muy limitadas. Y otros escuchan a sus mentes diciéndoles que si corren un pequeño riesgo, su mundo se derribará. No se puede minimizar la importancia de los patrones de pensamiento. Ni tampoco lo útil que puede ser aprender a pensar diferente. Esa es la razón por la cual pensar es una de las ocho claves para el fortalecimiento y el cambio.

Haz el cambio

Al comenzar el proceso de aprender a pensar de manera diferente, una realidad fundamental que debes aceptar es que *¡tu mente no siempre te dice la verdad!* Tu pensador a veces tiene pensamientos que no tienen nada que ver con la realidad. Esto es a pesar de que tu mente pudiera estar diciéndote que esos pensamientos son reales, verdaderos y acertados.

Esto no es fácil de aceptar para la mayoría de nosotros. Y no es de extrañarse ya que lo único que tenemos para pensar es nuestra mente y, la mayoría de las veces, la mente opera como si sus percepciones fueran verdad. Por lo general tu mente no dice: *Mira, parece que tu jefe no te está mirando muy positivamente, y necesitas hacer algo al respecto. Tal vez debas hablar con él, pero quizá yo esté completamente equivocada. Tal vez realmente le caes bien. Quizá yo estoy un poquito paranoica o quizá no quiero que te hagas muchas ilusiones. Mira, no siempre puedes confiar en lo que yo, tu mente, te digo. De cualquier manera, buena suerte y escoge la mejor opción.*

No, si tu mente funcionara así, ¡te sería difícil escoger del todo! Tu cerebro piensa lo que piensa y por lo general está bastante seguro de sus percepciones.

Lo malo es que mientras que tu pensador siempre tiende a estar seguro, puede que no siempre esté en lo correcto. Lo bueno es que tú puedes cambiar eso. Puedes ayudar a tu pensador a pensar de una manera más centrada en la realidad, más perceptiva y útil con relación a ti y a tu vida. De hecho, *tú y solo tú puedes comenzar a pensar diferente* de formas que sean lo mejor para ti. En lugar de dejar que tu pensamiento contribuya a tus dificultades, puedes aprender a utilizar tu pensamiento para tu beneficio y en pro de tus metas. Esto es un asunto importante, porque muchas de tus decisiones están basadas en lo que nuestro pensador, el cerebro, nos dice.

Esto no significa que sencillamente nos digamos que pensemos diferente y que sucederá de manera automática. No puedes meramente repetir la verdad una y otra vez y esperar que tus pensamientos capten el mensaje y hagan el cambio. Así no funciona. Pero puedes hacer cambios significativos, como mostraremos en este capítulo, en la manera en que miras a tu vida y a ti mismo. Y estos cambios pueden dar como resultado pensamientos transformados.

Comienza haciendo el primer cambio esencial. Helo aquí: *renuncia a la idea de que las cosas son siempre como tú piensas*. Cuestiona lo que tu mente está percibiendo y aprende las pautas que te daremos aquí para ayudar a entrenarla a ver lo que realmente es.

Este paso también es bueno para tu salud mental. Uno de los indicadores principales de un problema de carácter es la resistencia de una persona a cuestionar sus percepciones con respecto a su situación o sus relaciones. La persona está absolutamente segura de que las cosas son como ella las ve.

¿Alguna vez has tenido una relación con una persona que insistía en verte como al malo sin importar qué evidencia tú mostraras en sentido contrario? Aportar información nueva o diferente no causaba ningún efecto, ya fuera que esta demostrara que tú no eras lo que ella pensaba que eras o que realmente habías cambiado. La persona «siempre está segura y a menudo se equivoca», como diría el refrán.

Una persona con este tipo de rigidez inevitablemente tendrá problemas con alcanzar sus metas. La realidad es mayor que nosotros y cuando insistimos en que la realidad se conforme a nuestras percepciones, tenemos la mentalidad de un niño de dos años que aborrece a sus padres porque no le dan un caramelo. Las personas que quieren lograr el éxito inclinan sus rodillas y sus percepciones ante la realidad. Esa es la señal de un adulto y no de un niño.

Además, la persona que «siempre está segura y a menudo se equivoca» encontrará gran resistencia, no solo de parte de la realidad sino también de personas saludables que no toleran la tontería. Esa persona acabará perdiendo negocios, teniendo naufragios emocionales y sufriendo por su propia rigidez.

Una vez asesoré a una empresa cuyo jefe de operaciones «siempre está seguro y a menudo se equivoca». Era una persona agradable pero continuamente se resistía a las opiniones y puntos de vista de otros en su grupo. En su mente, sus percepciones eran la realidad, no había distinción entre ambas. Por ejemplo, cuando dos de sus vicepresidentes lo confrontaron, mostrándole que su método para resolver un problema de mercadeo no funcionaría, él sencillamente dijo: «No, estoy seguro de que funcionará». Incluso frente a hojas de cálculo y números, él no podía imaginar que su punto de vista estuviera errado, aunque lo estaba. Como resultado, la gente talentosa de su grupo acabó yéndose, frustrados y sin que se les permitiera alcanzar todo su potencial. La empresa sufrió porque el jefe de operaciones no podía imaginar que su mente no percibiera la realidad absoluta todo el tiempo.

Sigue leyendo y te ayudaremos a garantizar que no estés en ese grupo.

Lo que tu mente distorsiona

Analicemos algunas de las formas principales en las que nuestra mente distorsiona la realidad en los aspectos que afectan el fortalecimiento y el dominio de la vida. Mientras lees estas afirmaciones o prácticas comunes, piensa en las veces que tú mismo puedes haberlas usado y considera lo que pueden haberte costado.

Afirmación No. 1 del pensamiento distorsionado: «Lo he probado todo y nada resulta».

Al enfrentar una meta no alcanzada, una oportunidad de relación o un problema de la vida que necesita ser resuelto, una persona a menudo expresará alguna forma de *lo he probado todo y nada resulta*. Es decir, la persona *cree* que lo ha probado todo, y que no hay soluciones. En su mente, ha agotado todas las posibilidades para hacer cambios, lograr sueños y hacer mejorías y ahora debe resignarse a la realidad de que no hay esperanza de mejorar. Nada ayuda.

Es verdad que hay ocasiones en las que nada ayuda, al menos en el sentido de que no puedes deshacer el pasado. Cuando muere una persona a la que amas, ya no está. Cuando te despiden, no es muy probable que recuperes el trabajo.

Cuando tu esposo te critica, no se pueden revertir esas palabras. Todavía no se ha inventado un aparto que pueda rebobinar lo que pasó y volverlo a pasar con un guión diferente. Tratar con lo inevitable del pasado es más una cuestión de saber cómo sufrir y adaptarse.

Pero otra cosa es el pensamiento distorsionado que lo lleva a uno a pensar que se ha hecho todo lo posible y que la situación es irremediable. La persona con esta mentalidad cree que no le queda más que aceptar una mala situación sin esperanza de cambio. Ese es un patrón desalentador y que priva de poder y hace que la gente se quede estancada y sin esperanza.

No podría contar las veces en que una persona que llama a nuestro programa de radio dice: «Lo he intentado todo para resolver este problema y nada funciona». Pudiera estar refiriéndose a un matrimonio con problemas, a un hijo problemático o a un problema con el peso. Los problemas varían ampliamente, pero esa reacción de pensamiento distorsionado ante los mismos es demasiado común. Cuando escucho esta distorsión, por lo general contesto con dos preguntas.

¿Qué cosa es «todo»? La mayoría de las veces la persona que llama recita una lista bastante corta que ni siquiera comienza a agotar los métodos posibles para buscar una solución. Digamos que tienes un esposo con problemas de ira. ¿Qué has hecho? Enumeremos algunas de las opciones. Podrías:

- Hablar con él.
- Hacerle saber específicamente cómo te afecta su ira.
- Preguntarle cuál cree él que sea el problema.
- Invítalo a decirte cuál piensa él que podría ser tu contribución.
- Cambia lo que necesites cambiar, según sus condiciones y no las tuyas.
- Aclara tus propias distorsiones con relación a la ira adecuada y la inadecuada.
- Dile qué cosas específicas quieres que cambien.
- No le digas solo lo que no quieres sino lo que quieres.
- Trabaja en aumentar la confianza y el apego entre ustedes como pareja.
- Oren juntos, como pareja, acerca del asunto.
- Busca pasajes de la Biblia que hablen sobre la ira.
- Ayúdalo a aprender sobre el sufrimiento y la tristeza como un antídoto contra la rabia.
- Busca la ayuda de otros.

- Asiste a un grupo de apoyo.
- Asiste a consejería.
- Advierte sobre las consecuencias.
- Establece límites.
- Establece límites más estrictos cuando él se agrave.
- Brinda apoyo cuando él muestre más autocontrol.

La lista podría seguir, pero la idea es esta: si ves que estás diciendo que has probado todo lo posible, sería bueno cuestionarse si realmente lo has hecho.

La segunda pregunta que hago cuando una persona me dice que lo ha intentado todo, es esta: «¿Qué quieres decir con "intentado"?» Trato de descubrir lo que realmente quiere decir la persona cuando utiliza esa palabra. Por ejemplo, ¿cuántas veces le dijiste a tu esposo que querías que dejara de tomar? ¿Cuán directa, enérgica y seria fuiste con él?

Con frecuencia descubro que intentar significa: «Lo mencioné una o dos veces y en realidad yo no soy muy buena en las confrontaciones y él me obvió así que decidí que no estaba funcionando». Pero esa interpretación de *intentar* no toma en cuenta cuánto trabajo se necesita para que la gente cambie su conducta. Se necesita mucho tiempo y energía y a menudo muchas repeticiones y esfuerzos para que él comprenda que vas a insistir en el asunto, que no lo vas a dejar.

A menudo hay otro factor que impulsa al pensamiento «Lo he intentado todo». A veces una persona tiene temor del fracaso, está desanimada o sencillamente agotada. O pudiera sentir que es una persona impotente en sentido general y por ende incapaz de ser un agente de cambio. Si esto te describe a ti, vale la pena que saques a la luz lo que te está provocando este pensamiento y lo confrontes en ti mismo.

Afirmación No. 2 del pensamiento distorsionado: «No puedo».

El pensamiento «No puedo» es el opuesto del pensamiento «Sí puedo». En esta mentalidad la gente se siente incapaz de hacer cualquier cosa para mejorar su situación o alcanzar su meta. Se sienten muy indefensas. El pensamiento «No puedo» sencillamente cierra la puerta a las oportunidades, la esperanza y el cambio. No hay recursos, no se puede hacer nada y nada puede ser diferente.

Es verdad que en el mundo hay ciertos «no puedo». La mayoría de nosotros no podemos llegar a ser jugadores de la NBA, ni profesores de Harvard ni un Jack Welch. Pero la cantidad de personas dotadas para alcanzar estas metas es un pequeñito porcentaje de un pequeño porcentaje de la población. Existen más «puedo» que «no puedo», pero de alguna manera los «no puedo» parecen ganar para ciertas personas.

He aquí algunos de los «no puedo» que se apoderan de su manera de pensar:

- Perder peso.
- Comenzar una carrera profesional mejor.
- Hacer que mi esposo me escuche.
- Enfrentar a mi jefe con respecto a este problema.
- Encontrar la persona correcta para tener una relación.
- Regresar a la escuela y obtener nueva capacitación.
- Hacer que mis hijos presten atención.

Si has tenido estos pensamientos o pensamientos similares, no estás solo. A todos nos pasa de vez en cuando. Pero cuando esos pensamientos se vuelven un patrón, llegó la hora de verlos como un problema.

De hecho, hay cierto alivio en la manera de pensar «no puedo». Cuando la persona renuncia a un sueño o a cambiar una situación problemática, siente que puede dejar de darse golpes contra la pared. Ya no tiene que seguir haciendo intento tras intento. Se da por vencida, cambia de rumbo y cambia su enfoque y sus expectativas.

Esto está bien y es bueno si pesas 130 libras (60 kilos) y quieres jugar en la Liga Nacional de Fútbol (NFL). Probablemente sería sabio que cambiaras el rumbo, pero con demasiada frecuencia la meta que abandonas pudiera haberse logrado, lo que significa que el alivio de «no puedo» se compensa por conformarte con mucho menos de lo que necesitas.

Por ejemplo, tengo un amigo empresario que hace algunos años se involucró en una iglesia. De veras amaba a Dios y quería crecer en su fe. Sin embargo, él no había crecido en la iglesia. Puede que estés al tanto de esto, pero aunque es lamentable, a veces las iglesias tienen su propio idioma «religioso», con ciertas frases y palabras que traen como resultado que la gente se sienta alienada en lugar de incluida.

Mi amigo quería ayudar y servir, pero se sentía como si estuviera en lo último de la clase porque no conocía el «idioma de la iglesia». Él me dijo:

—Me gusta venir a la iglesia y aprender, pero realmente no puedo ayudar. No conozco las palabras correctas.

—Yo lo veo diferente —le dije yo—. Cuando dices que no puedes ayudar pienso que quizá sea más bien que no sabes cómo.

—¿Qué quieres decir?

—Bueno, te sientes como un extraño y creo que no es culpa tuya, sino de la iglesia. La iglesia necesita saber cómo relacionarse con el mundo y no a la inversa. ¿Te interesaría ayudar para alcanzar a la comunidad? Creo que tienes mucho que ofrecer en cuanto a relacionarnos con todo el mundo.

Mi amigo lo pensó y estuvo de acuerdo en reunirse con el ministerio de alcance en la iglesia. Se sentía incompetente y tenía mucho del pensamiento «no puedo» pero dio el paso de todos modos. Fue una elección maravillosa. Él ayudó a la iglesia a aprender qué siente, piensa y necesita la gente que no va a la iglesia, que es la mayoría del mundo. La actitud «no puedo» nunca volvió.

¿De dónde viene el pensamiento «no puedo»? A menudo las personas han tenido experiencias en las que han aprendido a temer el riesgo y el fracaso. Quizá probaron con un deporte nuevo o una nueva asignatura y tuvieron un fracaso rotundo. O quizá tenían relaciones significativas en las que las personas cercanas a ellos les criticaban y no aceptaban sus fracasos. A veces estas personas sencillamente aprenden que es más fácil cuando uno no lo intenta pero evitas el riesgo y así no sales tan herido.

Pero «no puedo» no tiene que ser parte de tu vocabulario. El fracaso puede ser tu amigo porque es un gran maestro. De hecho, aquellas personas que tienen más éxito también fracasan más. La investigación apoya esto una y otra vez.

La Biblia enseña lo mismo acerca de la manera de pensar «no puedo» cuando habla de practicar aquellas cosas que nos llevan a la madurez: «En cambio, el alimento sólido es para los adultos, para los que tienen la capacidad de distinguir entre lo bueno y lo malo, pues han ejercitado su facultad de percepción espiritual» (Hebreos 5:14). Ejercitar significa probar y fallar, y el ejercitar nos entrena. La práctica es uno de los antídotos para «no puedo».

Por lo general «no puedo» es un pensamiento distorsionado porque simplemente no refleja la realidad. Uno puede vencer esta distorsión al sustituir los «no puedo» de tu vocabulario personal por frases reales. A continuación aparecen algunas que a menudo son más acertadas que «no puedo».

Estoy evitando la dificultad: Tratar de obtener ese aumento costará mucho trabajo, pero está más allá de mi conocimiento el decir si puedo o no puedo antes de intentarlo.

Tengo miedo: Tengo miedo que mis amigos piensen que estoy desesperado si les digo que me busquen una persona con quien salir.

No estoy seguro: No sé qué pasará cuando le diga a mi esposa que no estoy contento con nuestra vida sexual y es difícil para mí decir las cosas cuando no estoy seguro del resultado.

No lo haré: El gran abarcador. Comprendo que para obtener una maestría podría comenzar a tomar cursos de noche, pero no voy a hacerlo ahora mismo.

En todas estas frases hay esperanza, mucho más que en la muy desesperada frase «¡No puedo!» Si honestamente pones una etiqueta a tus excusas, puedes aprender a enfrentar las dificultades que estás evitando; puedes aliviar tus temores y tranquilizarte; una ausencia de seguridad puede convertirse en confianza, e incluso tu negación a dar un paso todavía implica que tienes una opción. Mientras que «no puedo» te quita las opciones. Así que presta atención a tu vocabulario y disipa la manera de pensar «no puedo» (excepto quizá por tu sueño de jugar en la NBA).

Práctica No. 1 del pensamiento distorsionado: Lenguaje pasivo

Regresemos un momento a tu clase de español en la secundaria. Recuerda que los verbos tienen voces y las voces pueden ser activa o pasiva, dependiendo de lo que se quiera transmitir con ellas. La voz activa da la connotación de que alguien está haciendo algo; la voz pasiva indica que algo se está haciendo.

Por ejemplo, si dices: «Renuncié a mi trabajo», eso es voz activa. Significa que fuiste tú quien realizó la acción de irse. Sin embargo, si dices: «Me despidieron», estás presentando una situación completamente diferente. La voz pasiva de esta frase indica que algo fuera de ti es la razón por la cual no tienes el trabajo (reducción de personal, la economía, problemas con la bolsa o lo que sea). Lo que sea que sucedió, no fue culpa tuya. Tú apenas eres el receptor pasivo de la acción.

Los significados activos y pasivos no tienen valor moral; no son ni buenos ni malos. Simplemente transmiten realidades diferentes. Pero el problema surge cuando las personas utilizan un lenguaje pasivo para explicar sus elecciones de tal manera que se quitan la responsabilidad, el dominio y la participación.

Han escogido una manera de pensar y comunicarse con otras que entorpece su capacidad de encargarse y actuar para obtener lo que necesitan.

Veamos algunos ejemplos del uso de un lenguaje pasivo y cómo este podría reformarse de manera que sea más útil para lograr tus metas:

- *El tráfico me impidió llegar a tiempo a la reunión.*
  ¿Qué tal: «Me demoré demasiado hablando por teléfono antes de subir al auto»?

- *En la conversación no surgió la oportunidad para tratar el tema.*
  ¿Qué tal: «Me sentí incómodo así que no dije nada»?

- *Él me hizo ir a ver esta película horrible.*
  ¿Qué tal: «Le di el control sobre mis decisiones»?

- *Acabamos en la cama.*
  ¿Qué tal: «Bajé la guardia y escogí tener relaciones sexuales con él»?

- *Me manipularon para que comprara las acciones.*
  ¿Qué tal: «Decidí no investigar las cosas yo mismo y le di el poder y la responsabilidad a ese grupo»?

- *Estoy esperando que Dios me encuentre el trabajo perfecto.* (Esto disfraza la pasividad irresponsable, una actitud pasiva, con un lenguaje seudo-espiritual.) ¿Qué tal: «No quiero mandar currículos, llamar a la gente, buscar en Internet. Es mucho trabajo»?

Cuando uno saca a la luz estas excusas pasivas, no se ven muy bien. Y además de estos pocos, hay muchos más ejemplos de lenguaje pasivo. Pero ya te llevas la idea. Se trata de ponerte tú mismo en la línea de fuego, lo que sin dudas es incómodo, pero cuando comparas esa incomodidad momentánea con la realidad de que nuevamente llevas las riendas de tu vida, vale la pena. Ahora puedes ocuparte de lo que puedes hacer y lograr. Mientras no lo hagas, otras personas están al mando en tu vida.

Práctica No. 2 del pensamiento distorsionado: Pensamiento negativo

Casi todo el tiempo las mentes de algunas personas parecen funcionar de una manera negativa con respecto a todo. Cualquiera que sea la actividad, el problema o la oportunidad, lo ven de manera negativa, lo que los desanima y les impide dar los pasos que necesitan dar. Para ellos, el vaso siempre está medio vacío y la luz al final del túnel siempre es un tren.

La investigación indica que los pensadores negativos se concentran en tres aspectos básicos de la vida: ellos mismos, el mundo y el futuro. Se ven a sí mismos como desafortunados, incluso como perdedores que nunca tienen un descanso. El mundo les parece poco amistoso, que aplasta sus oportunidades y les da a otros mayor oportunidad. No ven su futuro tan positivo ni esperanzador. Este parece sombrío y oscuro, sin esperanza que lo ilumine.

Tal vez tengas la tendencia de pensar de modo negativo y ni siquiera estás consciente de esto. Tal vez pienses que sencillamente eres realista. Incluso puede que pienses: *Esa gente que piensa de manera positiva no está consciente de la realidad. Viven en las nubes y no entienden cómo es realmente la vida.*

Puedes ver cómo el pensamiento negativo paraliza tu capacidad de combatir la cultura de la culpa e impedir que tomes el control de tu vida de una manera emocionante y que produzca cambios. Arriesgarse y tener grandes sueños requiere energía y pasión. Esa energía y pasión se debilitan y agotan cuando estamos plagados de pensamientos negativos. Por ejemplo, imagínate que quieres mejorar tu matrimonio que se está volviendo estancado y aburrido. Quizá te gustaría recuperar la intimidad y los sentimientos maravillosos de los primeros tiempos con tu cónyuge.

Pero si luchas con el pensamiento negativo, ¿con qué te enfrentas cuando tienes estos deseos? Encuentras pensamientos como estos: *Cuesta demasiado trabajo, ya no puedo hacerlo* (yo mismo, es más de lo que puedo hacer). *Además, él no reaccionará. Nunca lo ha hecho y de todos modos, él está contento con las cosas como están* (el mundo, las cosas son así). *Será mejor que simplemente aceptes las cosas como son y busques la felicidad en el trabajo o en los niños* (el futuro, nunca nada mejorará). ¿Puedes imaginar un cierre más completo de la energía y la pasión que necesitas para lograr tu sueño?

Sin embargo, recuerda lo que dijimos antes sobre la manera en que funciona tu pensador: *¡solo porque lo sientas o lo pienses no quiere decir que siempre sea verdad!* Ten el valor de cuestionar tu mente. Está diciendo *algo*, pero quizá no lo que debiera. Considera los pensamientos negativos como señal de un problema no como una declaración de la verdad final.

De hecho, no es verdad que un cónyuge no pueda producir un cambio positivo en el matrimonio. Las personas lo hacen a cada instante. Se sientan y conversan con su pareja. Se vuelven a comprometer con su primer amor.

Comienzan a proponerse acercarse y resolver el distanciamiento entre ellos. Salen sin los niños los fines de semana. Van a un retiro matrimonial con su iglesia. Se unen a un grupo pequeño que se especializa en reavivar el matrimonio. Como psicólogo, he visto pasos como estos lograr enormes mejoras en muchos matrimonios.[1]

¿Qué más podrían significar esos pensamientos negativos? Varias cosas. Una podría ser el temor al riesgo o al fracaso. Otra podría ser la desesperanza. Incluso otra podría ser una perspectiva pasiva de la vida. Solo busca un poco más allá de la superficie y trata de entender por qué se activan estos pensamientos y en qué circunstancias. Más adelante en este capítulo te daremos otros pasos a seguir.

A veces la depresión es la causa de los pensamientos negativos. Cuando las personas padecen de depresión, a menudo sus mentes se desvían de lo positivo y giran en espiral hacia abajo, a la desesperanza. Su depresión es como un ancla, que hala todos los pensamientos y emociones al fondo, a la oscuridad. La persona no está consciente de que su propia mente esté creando su oscuro punto de vista, a ella le parece que es la realidad.

Por ejemplo, yo estaba aconsejando a un empresario que tenía depresión. No estaba feliz con su trabajo ni con el lugar en que se encontraba en su profesión en esta etapa de la vida. La conversación fue algo así:

—¿Cómo podrías mejorar en tu puesto de trabajo? —le pregunté.

—No puedo. Lo he intentado y no hay espacio en la organización para ascender.

—¿Y buscar otro trabajo?

—La industria está floja. Eso sería un suicidio.

—¿Y probar en otra industria?

—Eso sería peor. Volver a capacitarme a mi edad sería imposible.

—¿Y qué tal aprender a estar contento donde estás?

—Eso no funciona. No encaja conmigo.

A esas alturas me di cuenta de algo: *No estaba conversando con un hombre. Estaba conversando con su depresión.* Su depresión controlaba el flujo del diálogo.

Hay que entender un principio muy importante al tratar con la depresión. La depresión *se adhiere a nuestras circunstancias.* Como la goma, la depresión se pega a cualquier acontecimiento de nuestra vida y hace que lo percibamos de manera negativa. La depresión de este hombre se adhirió a su vida laboral haciendo que él creyera que el trabajo era el problema, pero no era así. De hecho, comenzamos a prestarle más atención a la depresión y menos al trabajo. A medida que él comenzó a ver progreso en sus emociones, comenzó a sentirse más y más optimista y positivo. Y a medida que la depresión comenzó a aliviarse, él volvió a hablar sobre su trabajo. Pero esta vez era muy diferente:

—¿Cómo podrías mejorar en tu puesto de trabajo?

—He estado pensando en eso. Realmente no he procurado un puesto mejor como podría haberlo hecho. Tengo un par de ideas que quiero poner en práctica con mi jefe.

Y con el tiempo, lo promovieron a un puesto mucho mejor en su empresa.

¿Te das cuenta de lo que sucedió? Las mismas circunstancias pero con un resultado muy diferente. La diferencia fue que la depresión que se había adherido a su trabajo como una sanguijuela en la pierna, quedó eliminada y su manera de pensar se volvió más positiva y favorecedora.

Práctica No. 3 del pensamiento distorsionado: Pensamiento defensivo

A veces el pensamiento distorsionado hace que nuestra mente trabaje en contra nuestra. Por raro que parezca, a menudo nuestras mentes trabajarán muy arduamente para alejar los pensamientos positivos de cualquier plan, cambio o mejoría. La mente dará un millón de excusas y defensas diseñadas para mantenernos muy a gusto en donde nos sentimos cómodos y alejados de la ansiedad y la tensión. Esto se denomina pensamiento defensivo. Si ves esta tendencia en ti, necesitas resolverla y dejarla atrás, pues es otro ladrón insidioso de sueños.

Hay muchos patrones de este pensamiento defensivo. Te mostraremos los cuatro principales que son particularmente poderosos para detener nuestro crecimiento y nuestras metas. Yo les llamo los *Cuatro jinetes de la defensa*.

El primer jinete es la *Negación*. Cuando enfrentamos una circunstancia desagradable o dolorosa en particular, a veces nuestras mentes niegan que sea una realidad. Nos decimos: *No puede ser verdad, ¡de ninguna manera!* Esto se cumple especialmente cuando tenemos que mirar nuestra parte en los fracasos o decepciones.

Por ejemplo, cuando la escuela vuelve a llamar por el mal comportamiento de un hijo, un padre podría reaccionar con una negación inmediata: *Mi hijo no puede haber hecho esto. Deben estar equivocados.* La negación nos resguarda del estrés de afrontar la solución adecuada que se necesita para el problema en cuestión. El pensamiento realista asumiría un enfoque más real y útil, como por ejemplo: *Necesito reunirme con el director para ver qué está haciendo mi hijo y saber qué puedo hacer para ayudarlo a enderezarse. No va a ser divertido, pero debo verlo como una ocasión para darle las oportunidades que necesita para triunfar.*

El segundo jinete de la defensa es *Minimizar*. No es tan grave como la negación, pero es otro ladrón de sueños. Considéralo como *la versión baja en calorías de la negación*. Cuando encontramos problemas u obstáculos, nuestras mentes buscan formas de hacer un control de averías para que no experimentemos el impacto completo del asunto. Un padre que minimiza reaccionaría de esta manera ante la llamada de la escuela: *Es verdad, él se mueve mucho, yo lo sé. Pero estoy seguro de que no es tan grave como dice la maestra. Ella está exagerando.*

Minimizar ayuda a anestesiar la incomodidad de un problema. Pero tiene un precio: *solo se puede alcanzar el éxito hasta el nivel en que aceptes y te adueñes de la situación.* Al minimizar, garantizas que tu hijo no obtenga toda la ayuda que necesita, que tus hábitos alimenticios nunca estén bajo control, que la profesión de tus sueños se vea limitada, etc. Minimizar debe ceder el paso a un compromiso con la verdad y la realidad, aparte de lo incómodo que sea.

El tercer jinete es *Excusarse*. Cuando expresamos este tercer patrón del pensamiento defensivo, puede que reconozcamos la realidad, pero nos quitamos toda responsabilidad de la misma. Dar excusas no es tan grave como la negación, al menos reconocemos que nuestro hijo tiene un problema en la escuela, pero perjudicamos nuestras oportunidades de ayudarlo: *Yo sé que su conducta no es buena en el aula. Realmente él es brillante pero la maestra no lo comprende. Así que se aburre y no siente el apoyo de ella.* ¿Ves el cambio de dominio y responsabilidad? ¡Ahora es necesario entrenar a la maestra para tratar con la personalidad de tu hijo! Dar excusas por la conducta de tu hijo en el presente no augura nada bueno para su éxito en el futuro. ¿Qué pasará cuando tenga veinticuatro años y reciba una evaluación mala de parte de su supervisor? No estarás ahí para decir: «Evidentemente usted no está proporcionando el ambiente de trabajo estimulante que mi hijo necesita».

Realmente existen excusas legítimas para algunas de las cosas que suceden en la vida, pero pregúntate *Cuando enfrento el desafío de alcanzar una meta o encarar un problema, ¿automáticamente doy una excusa?* A las excusas también se les llama el pensamiento «sí, pero». «Sí, pero había mucho tráfico». «Sí, pero estoy demasiado cansado como para buscar el trabajo de mis sueños». «Sí, pero lo he intentado todo». Si te ves dando excusas, ¡quita tu «pero» del camino!

El cuarto jinete es *Racionalizar*. Siempre se acusa a los políticos de esta defensa: presentar una conducta dudosa de la mejor manera posible. Cuando uno racionaliza, se convierte en su propio portavoz.

Todos lo hacemos en cierta medida. *Es verdad que en clase mi hijo exterioriza su pensamiento inapropiadamente. Es un líder por naturaleza. Eso es mucho mejor que ser una oveja más que sigue las reglas ciegamente.* Esto no es una exageración, he escuchado a varios padres dar esa interpretación para explicar la conducta de sus hijos agresivos y descontrolados. Racionalizar una conducta problemática es un ingrediente principal en la receta que a largo plazo creará un problema de conducta que un día hará que la futura esposa de este muchacho sea una desdichada. Quieres evitarle ese destino a tu hijo y ayudarle a ser responsable, sensible y ecuánime, pero la única manera de hacerlo es que te deshagas de la explicación favorable y te concentres bien en lo que es verdad, aunque esa verdad sea desagradable. Tienes muchas más probabilidades de triunfar ahora que si lo postergas.

Las personas que utilizan los Cuatro Jinetes a menudo no están conscientes de que están utilizando patrones defensivos. El impulso de la actitud defensiva está tan arraigado que parece una manera natural de enfrentar los problemas. Después de todo, dichos patrones de pensamiento nos protegen de realidades desagradables como el fracaso, las luchas y las dudas. Pero si no tratas de frente con estas realidades, te pueden detener la trayectoria de tu vida.

No temas mirarte de manera honesta y crítica. Sé curioso y cuestiona si te es difícil ver cómo eres realmente: una persona que puede tener problemas, que puede causar problemas o que pudiera estar fallando. Puede que no sea un cuadro muy bonito, pero si es cierto, necesitas saberlo. Es mucho mejor conocer la verdad que preservar tu comodidad con una ilusión que te mantiene atascado en una irrealidad. Cuando dejas de presentar defensas ante la verdad, te permites hacerte cargo de tu propio mundo.

Por ahora hemos visto lo que el pensamiento distorsionado puede hacer a nuestras mentes. A veces hace que sean tan negativas que nos desaniman a tomar posesión y correr riesgos. En otras ocasiones, el pensamiento distorsionado puede hacer que nuestras mentes sean positivas de una manera tan poco realista que nos protege de la culpabilidad y la responsabilidad. A veces hacen ambas cosas a la vez. Sin embargo, hay soluciones muy factibles para el pensamiento negativo que marcarán una diferencia positiva en la manera en que vives tu vida.

Pasos para pensar mejor

Tú necesitas tu mente.

Para alcanzar tu potencial, para lograr tus metas y sueños, ya sea que se trate de una profesión, de amor, de una familia, de hábitos o del crecimiento espiritual, necesitas que tu mente sea tu amiga y aliada y no un obstáculo. Una mente plagada de excusas, negatividad, desánimo pasivo y contaminaciones similares es como un motor lleno de fango. No te llevará a donde tú quieres ir.

Así que queremos mostrarte algunos de los mejores pasos que puedes dar para despertar a tu pensador y hacer que ayude, en lugar de detener, tus esfuerzos para tener más éxito.

Paso No. 1: Comprométete con la cruda realidad

Tal vez la realidad no sea agradable, pero ningún problema se resolvió jamás, ninguna meta se alcanzó jamás sin mirar a la situación con sinceridad, sin ediciones ni replanteamientos. No tengas miedo de decir: Necesito saber la verdad y no lo que yo espero que sea la verdad. Ese es el camino seguro. Busca la realidad cruda, sin adornos, no el tipo de realidad empaquetada y políticamente correcta.

Supongamos que te hicieron un chequeo médico exhaustivo y las pruebas muestran claramente que necesitas una cirugía de bypass coronario. Eso es algo serio. Vas a tu médico para ver qué recomienda y este dice: «La opción de la cirugía parece muy grave y cruda. ¿Por qué mejor no te tomas un par de aspirinas y te acuestas a dormir?» El bueno del médico está tratando de evitarte la incomodidad. La receta tan sencilla que él ofrece es sin dudas una alternativa muy agradable ante la cirugía, pero tiene dos problemas grandes: *No trataría la verdadera realidad y no te daría el resultado que tú quieres.*

Recuerda que aceptar la realidad es como un botón de reinicio para tu computadora. Te da un nuevo comienzo. Cuando enfrentes cualquier problema o meta, pregúntate: *¿Qué es real y verdadero en este caso? ¿Qué está pasando por alto mi pensamiento que yo necesito saber?*

Por otro lado, imagínate que luchas con el pensamiento negativo «No puedo» o «Lo he intentado todo». A menudo te ves incapaz de sentir el valor para dar un paso. Aquí también se aplica la apelación a la realidad. Comprométete a ver la situación real por lo que es, *incluyendo lo que puedes hacer al respecto*. Desarrolla el hábito de pensar de una manera similar a las siguientes:

- Hablaré con alguien y confrontaremos ideas para ver si he mirado cada ángulo de la situación.
- Quizá le he dado demasiado poder a otra persona en mi vida y necesito recuperarlo.
- ¿Qué va a pasar si pruebo esto y fallo? Realmente, Derek Jeter (jugador estrella de pelota) falla el 70 por ciento de las veces que batea y a pesar de todo, es una estrella. La realidad es que un fallo no es el fin del mundo.
- Es posible que el problema no sea que yo *no puedo*, sino que por alguna razón *no quiero* hacerlo y necesito averiguar cuál es esa razón.
- Si sigo esperando que algo o alguien cambie, tal vez me pase demasiado tiempo esperando.
- Antes de rendirme haré un buen plan y lo seguiré mucho más que antes.

La realidad nunca te fallará. Es la manera en que Dios ve las cosas, y él utiliza la realidad para lograr sus propósitos. De hecho, la realidad y la verdad son parte de lo que él es. Él es «grande en amor y verdad» (Salmo 86:15). Busca la realidad y ahí encontrarás a Dios, ayudando a tus pensamientos a conformarse a la verdad.

Paso No. 2: Conviértete en una persona humilde

La humildad es una huella de grandeza. No es un aspecto de timidez que las personas se vean a sí misma como basura. La humildad es la capacidad de verte claramente a ti mismo y a tu situación, para bien o para mal. A las personas humildes no les interesa si lo que hacen o piensan les hace quedar como héroe o como el malo de la película. Quieren llegar al centro del problema.

Yo tuve un amigo, similar al que Henry menciona en el capítulo anterior, controlado por patrones de pensamiento negativo que le impedían invitar a salir a la mujer que le atraía. Él decía: «Ella no saldría con un tipo como yo; ella es una diosa y yo soy bastante mediocre». Luego de unos pocos intentos por animarlo, me di cuenta de mi locura. Me di cuenta de que iba en dirección opuesta, y le dije:

—En realidad, de cierta manera, eso podría ser un problema de orgullo para ti.

—¿Qué? —dijo él, que no esperaba ese tipo de reacción—. Creí que estabas diciendo que me menosprecio demasiado.

—Lo pensé, pero a veces el orgullo también puede impulsar nuestro monólogo interior.

—¿Qué quieres decir?

—Bueno, analicémoslo. ¿Cuán orgulloso es pensar que tu mediocridad es tan inatractiva que no tienes una oportunidad? En realidad eso le da muchísimo poder a tu inatractiva imagen propia. De hecho, piensa en cómo ni siguiera le estás dando a esta muchacha la oportunidad de escogerte. Eso incluso podría considerarse controlador.

Él nunca había pensado en esto de esa manera. Se dio cuenta de que no estaba siendo verdaderamente humilde, es decir, viéndose con claridad. Por fin la invitó a salir ¡y ella aceptó! Así que renuncia a la idea de que tu pasado, tus problemas y tus limitaciones son todopoderosos. Sé lo suficientemente humilde como para permitir la posibilidad de que puedes hacer mejor las cosas, y luego actúa basado en esa posibilidad.

Paso No. 3: Sé un observador de ti mismo

Desarrolla la capacidad de evaluarte a ti mismo. Observa lo que haces, por qué lo haces y cuándo lo haces. Como solía decir el Dr. Howard Hendricks, uno de mis profesores favoritos: «conviértete en un estudiante de ti mismo». Ese es un rasgo de la gente exitosa, y alcanzan el éxito porque son capaces de enfrentar la verdad sobre sí mismos y sobreponerse a sus patrones de pensamiento equivocados e inútiles.

Cuando consulto a personas que vienen a verme con problemas, a menudo pruebo este ejercicio. «Imagina que estás en dos lugares a la vez: un "tú" está interactuando realmente con otra persona, debatiendo alguna meta o problema. El segundo "tú" está flotando arriba, cerca del techo, mirando la interacción del otro tú y aprendiendo de la misma. Cuando terminas la conversación, puedes utilizar a ese "tú" que flotaba y te observaba para repasar lo que sucedió y considerar lo que podrías haber hecho de manera diferente».

Al emplear este ejercicio es posible que aprendas que cuando alguien pone objeción a tus ideas, renuncias al poder y a las decisiones con mucha facilidad. O que cuando te confrontan rápidamente te desprecias a ti mismo o que cuando enfrentas un problema pasas a la culpa y a las excusas.

¡Tal información es oro puro! Sacar de raíz la verdad sobre ti mismo pudiera no ser divertido, pero te aportará grandes recompensas porque te permite ver y adueñarte de lo que necesitas hacer y cambiar. Sin esta habilidad, la gente se ve obligada a interpretar cada bache del camino como el destino, mala suerte o gente mala. Nada es culpa de ellos. Entonces quedan indefensos y desesperados porque todo está fuera de su control. Pero la persona que se observa a sí misma, y quien se hace dueña de su futuro, lleva la delantera.

Paso No. 4: Perdonar

Es posible que a primera vista parezca que el perdón no tiene nada que ver con el cambio de tus patrones en la manera de pensar. Pero es crucial en el proceso. Cuando perdonamos, cancelamos una deuda. Ese es el significado de la palabra en el Nuevo Testamento. En otras palabras, renunciamos a nuestro derecho de ejercer el castigo y la venganza de una persona que nos ofendió.

Liberarse de este equipaje negativo tiene un gran poder para ayudarnos a pensar con más claridad, porque la falta de perdón nubla nuestras mentes con pensamientos que nos hacen sentir como víctimas, impotentes; pensamientos de castigo, injusticia y desquite. Cuando no perdonamos a otra persona, no podemos analizar nuestra situación ni ver nuestras opciones ni nuestra propia parte en el problema. Nos concentramos solamente en lo que la otra persona hizo y lo que nos ha hecho. El perdón abre la llave de esa prisión, nos permite hacer salir la herida y las obsesiones con respecto a la persona que nos ofendió. Entonces nuestras mentes pueden nuevamente estar claras para pensar en la esperanza, la acción, los sueños y las metas.

Paso No. 5: Crea y anota consignas buenas

Tu mente ha estado inventando excusas para impedir que te adueñes de tu futuro y es probable que lo haya hecho durante largo tiempo. A medida que estés más consciente de tus propias acciones, comienzas a identificar consignas que has estado repitiéndote a ti mismo y que te han tenido encadenado. Todos las tenemos. Pero pasa por encima de eso y crea consignas nuevas que contrarresten las malas. Elabora estas nuevas consignas de manera que pongan la visión verdadera en perspectiva.

Escribe estas nuevas consignas y mantenlas cerca de ti, en lugares que te recuerden lo que es verdadero y real. Ponlas en el refrescador de tu computadora. Coloca notas adhesivas en el espejo de tu baño y en el refrigerador. Lee estas notas cuando los pensamientos negativos invadan tu mente. Cuando estés bien, léelas de todas maneras para mantenerte enfocado en la realidad. Cuando estés haciendo la obra cognitiva de entrenar tu mente, la obra personal de abrazar la realidad y de ser humilde y perdonador, la presencia de estas nuevas consignas puede ser poderosa y eficaz. A continuación aparecen algunos ejemplos:

- No más excusas «no puedo». *Sí puedo y lo haré.*
- Cuando fracase, aprenderé del fracaso y seguiré adelante.
- No esperaré a que la vida me encuentre. Yo buscaré la vida.
- Hay una gran oportunidad para un gran futuro.
- Yo soy la única persona que puede ser dueña de mis sueños y escojo adueñarme de ellos.
- La culpa no me llevará a donde quiero ir. Asumir la responsabilidad sí lo hará.
- Cuando asumo la responsabilidad de mis problemas, yo soy quien lleva la batuta.

Alterna tus consignas. Inventa nuevas cada dos o tres semanas. Ponlas en lugares diferentes. Haz que sean interesantes. No permitas que la monotonía te haga obviarlas y olvidarlas. Dios comprende el poder de la escritura y la repetición para ayudarnos a recordar y es por eso que animó a su pueblo a utilizar este método hace muchos siglos. Él quiere que sepamos, recordemos y experimentemos las realidades que producen el éxito.

Mira lo que le dijo a su pueblo después de darles la ley:

Grábate en el corazón estas palabras que hoy te mando. Incúlcaselas continuamente a tus hijos. Háblales de ellas cuando estés en tu casa y cuando vayas por el camino, cuando te acuestes y cuando te levantes. Átalas a tus manos como un signo; llévalas en tu frente como una marca; escríbelas en los postes de tu casa y en los portones de tus ciudades. (Deuteronomio 6:6-9)

Recuerda la cita de Ambrose Bierce al comienzo de este capítulo: «Cerebro: Aparato con el que creemos que pensamos». Bierce estaba tratando de ser gracioso pero también fue cínico. La realidad es que Dios te dio un cerebro, no como un aparato para hacerte creer que piensas sino como una herramienta para ayudarte a ver la realidad como lo que es y luego pensar, planear, soñar y hacerte responsable de tu vida. ¡Tú puedes ser dueño de tu propio pensador! Hazte cargo de él.

3

Siempre puedes
encontrar una opción

3

Recuerdo la reunión como si hubiera sido ayer, probablemente porque la dinámica que casi desvía la discusión es uno de mis «molestias favoritas».

Yo servía de consultor en un retiro de planificación con un grupo de negociantes que estaba elaborando un plan estratégico. La compañía abundaba en oportunidades y estaba lista para lograr muchas cosas emocionantes. Varios de los presentes veíamos las posibilidades ilimitadas y realmente nos entusiasmaba el potencial.

—Hagamos esto —dije y luego expliqué una idea que de seguro traería expansión y ganancias—. ¡El resultado sería increíble!

—Sería bueno, pero no tenemos los recursos para eso —dijo una de los miembros principales del quipo.

—¿Y qué? —dije yo—. ¿Qué tiene que ver eso?

—Bueno —replicó ella—, es un plan maravilloso pero realmente no podemos considerar esa opción. Lograr algo así implicaría mucha gente y mucho dinero, recursos que no tenemos.

—Sí —dije yo—. Entiendo que no los tienen pero todavía no entiendo qué tiene que ver eso.

—¿Qué quiere decir usted? —dijo ella—. Si uno no tiene los recursos, sencillamente no puede hacer las cosas. Todavía no entiendo qué es lo que usted no entiende.

—No tener los recursos no significa que no pueda hacerse —le dije yo—. Todavía tiene opciones.

—Lo sé —dijo ella—. Pero esta no es una de las opciones.

—Tengo que disentir —le contesté—. Se le está olvidando algo. Usted tiene muchas opciones aparte de decir no a esta oportunidad. Tiene la opción, por ejemplo, de salir y buscar los recursos, el dinero y las personas que no tiene.

—¿Cómo lo haríamos? —preguntó.

—Todavía no lo sé —le dije—. Tenemos que estudiarlo. Pueden buscar socios, inversionistas o alianzas estratégicas que se beneficiarían de los resultados y hacer que ellos pongan el dinero y el personal. Pueden venderle la idea a alguien más grande y luego tener parte en el negocio. Pueden fomentar el plan lentamente desde el punto en el que estamos y luego, cuando ya esté en marcha, buscar la inversión. Pueden buscar otro grupo que necesite esta pieza en su rompecabezas y aprovecharla junto con ellos. ¿Quién sabe qué sucederá hasta que nos lancemos? Pero sin dudas tienen las opciones.

Pero estaba claro que la asesina de sueños todavía no estaba de acuerdo y yo comencé a sentirme un poco frustrado.

—O puede teñirse el pelo de naranja, mudarse a Colorado y vender paletas de helado mientras da vueltas y canta «Tres ratones ciegos» —le dije yo.

—¿Qué? —preguntó ella. Parecía aturdida y molesta conmigo.

—Lo que quiero decir es esto: tienen un montón de opciones disponibles, incluyendo la última y muchísimas más. Opciones ilimitadas. Si abren los ojos ante esas opciones, pueden hacer que esto funcione y llegar a donde quieren ir. Pero si chocar con la primera piedra les hace pensar que todo se acabó, como si no tuvieran más opciones, nunca llegarán a ninguna parte.

Luego nos sumergimos en una valiosa discusión que cambió la mentalidad de toda la compañía. El grupo comenzó a examinar las posibilidades de maneras diferentes. Comenzaron a ver opciones, oportunidades y soluciones que nunca antes habrían visto y esto llevó a resultados positivos, tanto en esa situación en particular como también en otras.

Esos resultados provinieron de un cambio específico en la manera en que ellos veían al mundo y se veían a sí mismos. El cambio fue este:

De *No tengo opción* a *Puede que no tenga la opción que quiero, pero en cambio puedo encontrar otras opciones.*

Casi todos los días el Dr. Townsend y yo vemos personas que de momento encaran una situación y se sienten incapaces de corregirla porque creen que no tienen opción. Estos son algunos ejemplos:

- He hablado con mi esposo pero no me escucha.
- He tratado de encontrar compañeros/as para salir pero no hay gente buena.
- Intenté con la consejería pero no me ayudó.
- Probé con un programa para bajar de peso pero no funcionó.
- Yo enfrenté a mi amiga pero no me escuchó.
- Traté de hablar con mi madre pero solo se enojó.
- Quiero una nueva profesión pero en mi empresa no están contratando para ningún puesto nuevo.

El denominador común en todas estas quejas apunta a nuestro tema de hacerse responsable. Cada una de estas declaraciones dice: «No es culpa mía; es de otra gente o de las circunstancias. Así que no puedo hacer nada». Está bien, tú no tienes las circunstancias que quieres. No obtuviste la respuesta que querías. La pregunta clave es: ¿quién es *responsable* de ese resultado? En esta lista, los responsables que se adueñan del resultado son:

- El esposo
- El ambiente donde se buscan los compañeros/as para salir
- El último consejero que no fue útil
- El grupo de bajar de peso
- La amiga
- La madre
- La empresa

Pero ninguna de *esas* personas está preocupándose, sufriendo ni agobiándose por el resultado. Solo las personas que están echando el muerto a otros sienten los resultados. Es ahí donde vive el resultado: en las vidas y almas de los quejosos. Para ellos hacerse dueños significaría que deben reconocer que el problema siempre termina a los pies de aquel que es responsable de corregirlos. El problema pudiera no ser culpa de ellos, pero son ellos quienes cargan con los resultados —quienes realmente los poseen— porque tienen que vivir con ellos. Es su problema, no el problema de esas otras personas. Esto quiere decir que ellos son los *responsables* de hacer algo al respecto. Depende de ellos encontrar qué opciones tienen a su disposición y que todavía no las ven.

Si eres la esposa del esposo que no escucha, y quieres que él comprenda, ¿qué opciones tienes? Tienes más de las que imaginas. Y muchas de estas, si te adueñas de ellas y te haces responsable de las mismas, tienen buenas probabilidades de hacer que cambie. Otras darán como resultado que seas feliz aunque él no cambie. De cualquier manera, tienes opciones. No estás relegado/a a una vida miserable solo porque tu cónyuge no te esté escuchando con respecto a cierto problema. ¿Cuáles son algunas de tus opciones? Puedes:

- Pedir a alguien que evalúe la eficacia de la manera en que estás comunicándole a él el problema. Pudiera ser que tu enfoque pudiera estar contribuyendo al problema.
- Dile que a pesar de tus esfuerzos por comunicarte, él no te está escuchando y quieres hablar acerca de por qué él no está respondiendo y determinar cómo pueden encontrar una solución.
- Dile que si no entiende, entonces habrá algunas consecuencias.
- Dile que quieres que vaya contigo a recibir consejería.
- Dile que si no te acompaña a la consejería, habrá consecuencias.
- Dile que si no te acompaña a la consejería, irás solo para ver cuáles son tus opciones.
- Descubre quién ejerce influencia sobre él —alguien a quien él escuche— y haz que esa persona hable con él junto contigo.
- Haz una intervención.
- Desconecta tu necesidad de que él comprenda, separando así su bienestar emocional por encima del tuyo.
- Reúne un sistema de apoyo externo para obtener lo que necesitas en términos de relación, apoyo, reconocimiento, etc.
- Resuelve tus asuntos del pasado de los que el patrón de conducta de él se aprovecha para alimentar tu dolor.
- Hazte tan fuerte que él deje de tener la capacidad de hacerte reaccionar. Luego báñalo de amor, dejándolo sin habla y sin nadie con quien luchar y culpar por su vida.

Estas solo son unas pocas del montón de opciones disponibles. *Las opciones nunca te faltan*. Esa es la naturaleza de la creación de Dios. Sí, se nos dan ciertas cartas para jugar, pero nosotros escogemos cómo jugar con ellas. Un buen jugador puede ganar incluso cuando tiene unas cartas malas. Dios te ha dado una voluntad creativa y te da puertas abiertas para encontrar salida a cualquier situación. Escucha las palabras de Salomón: «Con la boca el impío destruye a su prójimo, pero *los justos se libran por el conocimiento*» (Proverbios 11:9, NVI, énfasis del autor).

O las palabras de Pablo:

Ustedes no han sufrido ninguna tentación que no sea común al género humano. Pero Dios es fiel, y no permitirá que ustedes sean tentados más allá de lo que puedan aguantar. Más bien, cuando llegue la tentación, *él les dará también una salida a fin de que puedan resistir* (1 Corintios 10:13, énfasis del autor).

Dios asegura que no existe tal cosa como «una situación sin salida». Cuando buscamos a Dios, él nos dará alguna manera de escapar de lo que nos atrapa. A menudo vemos esa realidad en personas cuyas vidas están funcionando. No importa lo que les suceda, encuentran una salida. Dicho en otras palabras:

Sus circunstancias no los controlan. Ellos siempre encuentran opciones.

Al buscar a Dios y sus respuestas, y al buscar las opciones, siempre aparece una. Existe una opción. Quizá no sea la que ellos querían, pero siempre hay disponible una opción viable.

Entonces, ¿por qué no la vemos siempre?

Primero, puede que no estemos dispuestos a recibirla. Queremos la opción que deseamos y si esa opción no está disponible, entonces a menudo nos quedamos estancados en la culpa y protestamos en voz alta que «no es mi culpa». Creo que esta es la razón principal por la que muchas personas se quedan estancadas. Saben lo que quieren, y cuando eso no es una opción, creen que no hay opciones. Quizá se deba a obstinación o quizá sea una inversión excesiva en su opción favorita.

Este escenario a menudo se produce en las relaciones. Algunas personas nunca se sobreponen ante una relación que no funciona. Tengo una amiga cuyos padres se divorciaron hace treinta años cuando ella estaba en la secundaria. Hace poco me encontré con ella y le pregunté por ellos.

—Papá está bien —contestó—. Se volvió a casar y realmente es feliz. Encontró una mujer muy agradable y parece haber madurado mucho de cuando tú lo conociste. Realmente me siento feliz por él.

—¿Y tu mamá? —le pregunté.

—No tan bien —dijo—. Se quedó estancada después del divorcio. Todavía sigue prendida de mi papá y quiere recuperarlo. Ya tiene setenta años y está bastante amargada. No es nada divertido estar con ella. La familia la evita.

Su historia me entristeció. Recuerdo a su mamá. Era llena de vida y con mucha personalidad, sociable y bella, hubiera sido tremendo partido para otra persona. Pero al parecer ella no abriría sus ojos a otras opciones disponibles si no podía tener la que ella quería. Si no era su esposo anterior, no consideraría a nadie más.

¿Por qué? ¿Quién sabe? No conozco a la mujer lo suficiente como para especular, porque no sé todo lo que está pasando por su cabeza. Pero cualquier que sea la razón que impulsa su negativa a considerar opciones, el resultado es el mismo: ella está atascada en su miserable condición. Y la dura verdad es que ella tiene la culpa. Sencillamente no se abrió a las opciones disponibles cuando la que ella quería se cerró.

Adaptabilidad

Una de las cualidades más importantes que una persona puede tener es la capacidad de adaptarse. Es uno de los parámetros que los psicólogos usan para determinar la madurez y salud mental de una persona. La adaptabilidad es una de las virtudes que lanza a una persona a la adultez. Considéralo. Cuando los niños no pueden lograr que se les satisfaga una necesidad en particular, digamos el hambre, van a mami o a papi en busca de la solución. Quizá sea una agradable cena de perros calientes. Pero cuando los niños crecen, ya no están mami ni papi para inventar otra opción para la cena si se acabaron todos los perros calientes. La persona madura está sola para buscar una manera de adaptarse a esa realidad.

Pero, ¿y si no eres adaptable? Buscas en el refrigerador y ves que no hay salchichas. Como no estás dispuesto a adaptarte y buscar opciones, dices: «Bueno, hoy no tengo cena». Así que te acuestas con hambre. Y amargado con el mundo.

Pero si eres adaptable, ajustarás tus expectativas y dirás: «Tengo opciones». Comenzarás a hacerte algunas preguntas: «¿Y si llamo a mi vecino y le pregunto si tiene unas salchichas que le sobren?» «¿Y si busco un buen servicio de comida para llevar?» «¿Y si salgo y busco alguna tienda de comida que esté abierta o un restaurante que cierre tarde en la noche?» Te das cuenta de que tienes otras opciones además de quedarte sentado y pasando hambre.

Por supuesto, la mayoría de las personas verían fácilmente sus opciones al tratar con el ínfimo problema de no tener perros calientes. Pero la gente fracasa a diario en el mismo sencillo proceso de adaptación cuando tratan con luchas de relaciones, dificultades emocionales, tropiezos en sus profesiones y cosas por el estilo. Chocan con el obstáculo y piensan que no tienen otra opción que no sea vivir con el problema. Pero si se dispusieran a aceptar otras opciones, siempre aparecería una opción viable.

Impotencia aprendida

Otro obstáculo para encontrar las opciones que uno tiene es lo que los psicólogos denominan «impotencia aprendida». El término proviene de algunos experimentos originales en los que a los animales se les puso en situaciones en las que ninguna de las opciones disponibles les llevaría a un buen resultado. Pronto los animales aprendieron a pensar que independientemente de lo que hicieran, no saldría nada bueno. No había nada que pudieran hacer para mejorar su suerte. Eran realmente impotentes en cuanto a cambiar su destino, así que sencillamente se rindieron y dejaron de intentarlo. Cuando estos animales determinaron que eran inútiles, o dicho de mejor manera, que no tenían poder, sencillamente soportaron su irremediable condición *aunque se les proporcionaba un escape visible*. No tomaban la vía de escape porque sus creencias les decían que no tenían una buena opción incluso cuando la tenían delante de sus ojos.

Las personas hacen lo mismo. Desarrollan una «impotencia aprendida», y en realidad eso es una receta para la depresión. Aprenden temprano en la vida que no importa lo que hagan, el resultado no se afectará en lo absoluto. No importa lo que hagan, no pueden complacer a papá o a mamá. No importa lo que hagan, de todos modos alguien se enoja. No importa lo que hagan, no obtienen la aprobación que necesitan. No importa lo que hagan, no pueden escapar del mal resultado. Las cosas son así. Así que dejan de intentarlo.

Entonces sucede algo peor. Además de dejar de intentarlo, desarrollan una manera de verse a sí mismos como impotentes con respecto al mundo. Dejan de ver al mundo como algo que funciona bajo un modelo de causa y efecto en el que las acciones de uno producen un resultado correspondiente. En su lugar, llegan a verlo como algo que opera al azar, donde las cosas suceden y hay muy poco que uno pueda hacer al respecto. Queda descartada la ley de la siembra y la cosecha. Así que dejan de sembrar en sus vidas y como resultado, también dejan de cosechar. ¿Por qué? Porque creen que no hay opciones. Nada de lo que hagan mejorará las cosas, así que cuando no sucede nada para mejorar las cosas, nunca es culpa de ellos.

Aplica esa manera de pensar a las situaciones que mencionamos anteriormente y podrás ver cómo algunas personas se quedan atascadas en sus malas situaciones durante muchos años. Veamos nuevamente su lista de excusas:

- El esposo que no escucha
- El mal ambiente para encontrar pareja
- El consejero que no ayudó
- El programa para bajar de peso que no funcionó
- La amiga que no escuchó
- La madre que se enojó
- La empresa que no estaba contratando

Pero la realidad es, y te lo puedo decir con certeza, que todos los días hay personas que encaran esas mismas situaciones, pero no las aceptan ni se resignan a la desdicha. En cambio, creen que siempre hay opciones y se unen a la mano de Dios para encontrar una salida a la cautividad de su situación. Miran más allá de la opción que ellos desearían tener y buscan una que funcione. Y la encuentran.

Cómo es

A veces, ver una manera de pensar en acción te ayuda a adoptarla como si fuera tuya. Muchas personas crecen en situaciones en las que no se les enseñó a buscar opciones y ni siquiera saben cómo es el proceso. (Por cierto, que no son el tipo de persona que quisieras tener en tu equipo cuando juegas a buscar un tesoro.) Pero si se les enseñara el modelo de «descubrir opciones», lo aprenderían. Así que veamos el modelo de descubrir opciones en unas pocas situaciones específicas para aprender que siempre tenemos opciones disponibles. Estos ejemplos que implican la búsqueda de pareja, problemas emocionales y bajar de peso te ayudarán a imaginar cómo el expandir tus opciones significa que nunca choques con un callejón sin salida.

Modelo para descubrir opciones: Búsqueda de pareja

Le estaba hablando a solteros en el área de Los Ángeles acerca de buscar pareja cuando una mujer levantó la mano y dijo: «Yo oigo todo esto acerca de buscar pareja pero es muy difícil encontrar a alguien en un lugar como Los Ángeles. Las personas cambian mucho de área… aquí nadie parece tener raíces, así que simplemente van y vienen. Como resultado, no hay comunidades verdaderamente estables donde todos se conozcan y lo ayuden a uno a relacionarse con alguien compatible».

Yo no podía creer lo que estaba escuchando. El sur de California tiene alrededor de veinte millones de personas. ¿Y ella piensa que no hay opciones para encontrar parejas en ese grupo? Era la clásica externalización del problema que hemos estado tratando. Su incapacidad para encontrar un buen material donde buscar pareja no era culpa de ella, era culpa del medio. «El sur de California no tiene una buena oferta de hombres. Así que estoy atascada. No hay nada que yo pueda hacer».

Lo que verdaderamente me dejó helado fue lo próximo que dijo: «Sería mucho más fácil encontrar pareja en la zona central del país, donde la gente y las comunidades son mucho más estables».

¿Por qué fue esa una declaración tan significativa? Porque anteriormente, esa misma semana, yo había estado en la zona central del país hablando a gente soltera y una mujer dijo: «Es tan difícil encontrar a alguien aquí en la zona central. La gente lleva tanto tiempo aquí y las comunidades están tan establecidas que todo el mundo conoce a todo el mundo y uno no puede entrar en el círculo. Así que no hay nuevos candidatos». Y luego, para colmo, añadió: «Sería mucho más fácil encontrar a alguien con quien salir en un lugar como Los Ángeles o Nueva York».

Basta con decir que yo estaba bien preparado para refutar la excusa de la chica de California. ¿Qué impedía que estas mujeres encontraran la pareja que deseaban? Una cosa: no ver el hecho de que tenían opciones. Su geografía era la excusa. Les impedía encontrar las relaciones que querían. Su línea de pensamiento era algo así: «No estoy consiguiendo lo que quiero. Supongo que así son las cosas en este lugar». Traducido a nuestra metáfora anterior: «No hay perros calientes en el refrigerador, así que creo que esta noche no hay cena».

Pero la verdadera realidad es muy diferente a la realidad que ellas perciben. Me reuní y conversé con gente soltera de ambas zonas que encontraban parejas que les hacían sentirse muy realizados justo donde aquellas dos mujeres decían que era imposible. Al igual que nuestras dos quejosas, estas mujeres también habían experimentado estar sin pareja, pero en lugar de enterrar sus sueños en un pañuelo empapado de lágrimas, se preguntaron a sí mismas: «¿Cuáles son las opciones que yo puedo tomar para cambiar esta situación?» Solo había cerca de un millón, pero a continuación menciono unas pocas que estas mujeres vieron y pusieron en marcha:

- Algunas se miraron a sí mismas y descubrieron el hecho de que no encontraban pareja debido a que había algo descompuesto en ellas. Así que pidieron a sus amigas opiniones sobre ellas mismas y cuando las obtuvieron, decidieron trabajar con el problema. Cuando lo corrigieron, sus vidas cambiaron con respecto a encontrar pareja. Las cosas que corrigieron iban desde «no eres abierta a otros tipos de hombres que no sean el ideal con el que sueñas», a «no te muestras abierta a los hombres en situaciones sociales». Algunas de estas mujeres mejoraron su estado físico, otras tuvieron que lidiar con ciertas actitudes internas que las mantenían atascadas.[1]

- Algunas de estas mujeres entendieron que no estaban consiguiendo pareja porque no conocían suficientes personas. Así que se unieron a un servicio de citas. Acabo de recibir una llamada de una mujer que me dijo hace poco más de un año que «no hay un hombre bueno con quien salir» y que «nunca la invitaban». En aquel momento la animé a probar mi programa de búsqueda de pareja que insta a los participantes a dejar de culpar las circunstancias externas y comenzar a ver sus opciones. La animé a que se uniera al servicio de citas, pero ella se resistía, al principio ella no consideraba que esa fuera una opción viable. Pero con el tiempo su actitud cambió y ella estuvo más dispuesta a probar las opciones. Bueno, no le daré más vueltas al asunto y te diré por qué me llamó. Acababa de aceptar una propuesta de matrimonio de un hombre maravilloso que llegó mediante uno de esos servicios de citas. Y, como te diría ella misma, no fue el primer hombre que conoció. Ella tuvo que escoger continuar su búsqueda luego de que los primeros no funcionaran. (Ver el capítulo 8 acerca de la persistencia.)

- Estas mujeres entendieron que su «patrón acostumbrado de circulación» no las exponía a personas nunca antes conocidas. Se dieron cuenta de que no era sencillo, no había un solo lugar donde todo el mundo encontrara pareja. Así que extendieron su ámbito y comenzaron a visitar lugares nuevos.

- Las mujeres también tomaron iniciativa si no había buenas actividades disponibles en las que pudieran conocer a otros solteros. Comenzaron a organizar actividades por su cuenta. Un grupo de mujeres de mi iglesia inició un club llamado S.W.A.R.M. (por sus siglas en inglés), que significa «Mujeres solteras reclutando hombres de manera activa». Organizaron reuniones y salidas mensuales a las que invitaban a hombres con quienes no tenían relación pero a quienes habían conocido a través del trabajo u otro lugar. En esencia, todas estaban reclutando la una para la otra.

La lista podría seguir, pero la idea es que cualquiera que fuera el problema que tuvieran, lo corrigieron y su búsqueda de pareja dio un vuelco.

Lo importante aquí no son las sugerencias específicas, aunque muchas son muy creativas y eficaces. Lo importante es la manera de pensar que llevó a esas sugerencias. Estas mujeres comprendieron que si algo no funciona, deja de inculpar. Deja de quejarte de manera pasiva diciendo «no es culpa mía» y ocúpate tratando de descubrir qué opciones hay. Si no ves ninguna opción, sigue buscando o crea las tuyas propias.

Modelo para descubrir opciones: Asuntos emocionales

La persona que llamó a nuestro programa radial preguntó qué podía hacer con su trastorno alimenticio. Llevaba bastante tiempo padeciendo de bulimia. Nos dijo que estuvo en un programa de doce pasos que la ayudó de alguna manera, pero que no ayudó con su bulimia. Sus consejeros la convencieron de que la bulimia era una adicción y que siempre tendría que rehabilitarse de la misma. Pero el programa de rehabilitación no la estaba ayudando y se sentía atascada.

—Primero —le dije—, me opongo a que se le denomine adicción a la bulimia. Una adicción, en mi manera de pensar, es algo que implica que no puedes abandonar una sustancia, e implica factores como tolerancia adquirida, efectos de retraimiento y una larga lista de otras cosas que no están asociadas con su problema. Aunque el término adicción pudiera ser una metáfora útil para algunas conductas fuera de control, no creo que el modelo de tratamiento para la adicción sea la respuesta para la bulimia.

—Pero sí implica una sustancia —dijo ella—. La comida.

—Entiendo —le dije—, pero la diferencia entre la comida y el alcohol, por ejemplo, es que siempre comerás alimentos, incluso cuando ya no seas bulímica. Los alcohólicos nunca más deben tocar el alcohol. Su cuerpo ha adquirido una reacción de adicción que siempre provocará un deslizamiento a un estado no funcional. No hay manera segura de que ellos puedan beber nuevamente. Existe una buena manera en la que puedes comer. Así que no te limites a un tratamiento que tiene éxito con los adictos pero que no trata los problemas que están estimulando tu bulimia.

—¿Qué quiere decir usted? —preguntó.

—Por lo general, algún problema predecible del desarrollo estimula la bulimia —le contesté—. Como dilemas de necesidad y temor, luchas por la autonomía que implican límites y libertad, perfeccionismo y exigencias utópicas y el hecho de no llegar a la adultez con relación a la figura simbólica de los padres. Si encontraras un buen terapeuta que entienda estas cosas, podrías solucionar lo que está motivando tu bulimia y entonces no tendrías que vivir en «recuperación» eternamente. Se acabaría. Yo lo he visto suceder millones de veces».

—Pero yo probé la consejería y no funcionó —dijo ella—.

Ese comentario me hizo sospechar la verdadera causa del problema, pero indagué más.

Ella prosiguió contándome sobre todos los problemas que su consejero trató y no eran del tipo de cosas que solucionan la bulimia. Le dije que necesitaba buscar un nuevo consejero, alguien que entienda los problemas que ocasionan y mantienen la bulimia.

Me daba cuenta que luchaba para creer que cualquier cosa funcionaría. Podía escuchar en su voz que de veras lo intentaba y que la abrumaba la sola idea de intentarlo de nuevo.

Y ahí estaba la causa, como yo sospechaba: Ella no tenía temor de intentarlo, su temor era intentarlo y que otra vez no funcionara. Ella temía la desesperación que agobiaría su corazón si un nuevo intento no producía resultados. Ella conocía bien el peligro de Proverbios 13:12 que dice: «La esperanza frustrada aflige al corazón; el deseo cumplido es un árbol de vida».

Pero el asunto es este: *su desesperanza no provenía de un intento probado que no funcionara. Provenía de su manera de pensar acerca de intentarlo.*

Míralo de esta manera: La filosofía de esta persona era que uno intenta algo con la esperanza de que funcione, y si no es así, uno no tiene otra opción y todo es inútil. No era de extrañarse que esta mujer estuviera refrenándose. Por supuesto, daba miedo intentar cualquier otra cosa. Si yo pensara que solo tengo una bala, no la dispararía hasta que tuviera que hacerlo. Solo tienes una oportunidad y después de eso, ya te hundiste. Pero...

¿Y si tu esperanza no estuviera en ninguna opción en particular, si tu esperanza
estuviera en la creencia de que si sigues buscando opciones, alguna aparecerá?

Este enfoque representa una gran diferencia. *¡Enorme!* Si tu esperanza está basada en el hecho de que siempre tendrás opciones en lugar de encasillarte en una sola opción, entonces *siempre tendrás esperanza.* La esperanza no tiene que acabarse porque no importa cuántas desilusiones o fracasos tengas, siempre buscarás la próxima opción que esté disponible. Cuando algo no funciona, inmediatamente te preguntas: «¿Qué opciones tengo?» Al considerar tus opciones descubres que siempre tienes un lugar adonde ir que no sea la desesperanza. Tienes opciones, libertad, posibilidades y esperanza.

Esta persona chocó con una muralla porque no veía opciones. Su programa de 12 pasos, aunque la ayudó de muchas maneras, no estaba acabando con su bulimia. (A propósito, nosotros somos partidarios de los programas de 12 pasos. Lo que estamos tratando de decir es que hay cosas que las personas con bulimia necesitan hacer además de los 12 pasos.) Pero como le señalé a esta mujer, ella no había considerado las muchas opciones que tenía. He aquí algunas pocas que le dimos en aquella breve llamada telefónica:

- Podía regresar a la consejería pero debía buscar un consejero que conociera los problemas de desarrollo que ocasionan la bulimia. Si con el primero que habló no los conoce, entonces debía buscar a otro.
- Podía escoger que otras personas participaran en su lucha cuando esta se produjera. Un programa de 12 pasos por lo general enseña a las personas a llamar a sus patrocinadores o a otra persona que pueda ayudar en el momento en que ocurre la tentación. Esta mujer podría encontrar ayuda si llamaba a alguien cuando se sintiera tentada a hartarse.
- Si una reunión semanal no era suficiente, podía escoger aumentar el número de reuniones hasta que tuviera más control. Yo le dije que cuando las personas se atiborran de comida tan a menudo como ella lo estaba haciendo, deciden asistir a una reunión todos los días. Steve Arterburn, también presentador de nuestro programa radial, le comentó que muchos alcohólicos asisten hasta a 90 reuniones en 30 días para controlar su problema de la bebida.
- Ella podía escoger reconocer la realidad de la lucha en que se encontraba ante su patrocinador y las personas de su grupo. Ella reconoció que le

era muy difícil admitir su necesidad de otras personas. Tenía la opción de reconocer dicha necesidad y dar entrada a otros en su fracaso cuando no estuviera ejercitándose. Tomar esa decisión de depender de otros sería un gran paso para vencer su bulimia porque la bulimia por lo general implica temores y conflictos con la dependencia.

- Ella podía elegir buscar un buen libro[2] que tratara las causas de la bulimia. También podía escoger entrar en un grupo pequeño de amigos o buscar una compañera a quien rendirle cuentas para que la ayudara a solucionar sus problemas.
- Podía buscar en su ciudad un grupo de apoyo específico sobre la bulimia e ingresar al mismo para aprender lo que otros hacen para vencer el problema.
- Ella podía escoger entrar en un tratamiento más estructurado, muchas personas con bulimia lo hacen. La consejería una vez por semana o el grupo de 12 pasos a menudo no es suficiente. Ella podía entrar a un centro de tratamiento y quedarse durante un tiempo. Este tipo de tratamiento puede tener mucho éxito. Ten en cuenta que dimos toda esta información durante una llamada telefónica muy breve. Si alguien se sentara y pasara tiempo con esta mujer, estoy seguro de que también descubriría muchas otras opciones. La idea es esta: uno siempre tiene opciones. Si no tienes una enfermedad terminal que va a quitarte la vida en una hora, por lo general tienes opciones a tu alcance. (De hecho, las investigaciones muestran que incluso en las enfermedades terminales las personas tienen muchas opciones que afectarán de forma drástica la calidad y la cantidad de su vida.) Opciones, opciones, opciones. Nunca se nos agotan.

Sin embargo, nos quedamos atascados en nuestros problemas debido a dos cosas que no nos gustan.

Primero, no nos gusta que la opción deseada no esté a nuestro alcance. Piensa en la mujer que estaba atascada a los setenta luego de divorciarse a los cuarenta porque todavía quería tener a su ex esposo. Esa opción no estaba a su disposición y ella no consideraba las demás opciones que tenía disponibles. Mientras tanto, su esposo sí tomó otras decisiones y creó una vida muy buena para sí mismo.

La segunda cosa que a menudo no nos gusta es esta: si la opción que hemos escogido no funciona, como en el caso de la mujer con bulimia, a menudo no queremos buscar más allá a pesar de que no está dando resultados. Ella estaba escogiendo su programa de 12 pasos una vez a la semana, y este no estaba funcionando. Pero ella quería que esa opción funcionara, no quería pasar el trabajo, correr el riesgo ni el temor de empezar de nuevo. El axioma «Si sigues haciendo lo mismo, seguirás obteniendo los mismos resultados» se aplica a su manera de pensar.

Tenemos una tendencia ya sea querer la primera opción que no podemos tener o aferrarnos a la que hemos escogido aunque no funcione. Ninguna de las dos opciones es viable, pero eso no significa que todo haya terminado.

Al tratar con los problemas emocionales siempre hay opciones disponibles que tal vez no estemos usando. Si tus relaciones no funcionan, no estás limitado a los patrones en los que te apoyaste en el pasado. Puedes dejar de hacer lo que has estado haciendo y probar algo diferente. Cuando se trata de problemas emocionales, la gente tiende a limitarse a los patrones de conducta que han tenido durante mucho tiempo.

Tengo una amiga que ha lidiado con la depresión. Cuando está deprimida, su instinto natural es quedarse en cama o retraerse. Pero ella tiene un carácter que entiende de decisiones y opciones. Así que cuando está deprimida, decide levantarse y salir a hacer ejercicios, no importa cómo se sienta. Y toma la decisión de llamar a una amiga o de ir a un grupo o de salir con alguien allegado a ella, sin considerar cómo se sienta. Ella te contaría que estas decisiones han marcado una enorme diferencia en momentos muy difíciles. Aunque no son una cura definitiva, y todavía tiene que tomar decisiones difíciles para ponerse bien, ejercer la decisión de tomar la iniciativa con respecto a su estado ha desempeñado un gran papel en su mejoría.

Observa tus patrones cuando tratas los problemas emocionales y luego explora todas las demás opciones que están a tu disposición.

Otro ejemplo: Si te atormentan los sentimientos de soledad y no obstante solo vas a casa y ves televisión, es hora de que tomes algunas decisiones para mejorar tu condición. ¿Qué otras cosas podías hacer cuando te sientes solo? Podrías:

- Llamar a un amigo/a.
- Ir a una reunión de la iglesia.
- Unirte a un estudio bíblico de un grupo pequeño.
- Asistir a una reunión de recuperación y hablar sobre la soledad.
- Hacer trabajo como voluntario.

- Tomar una clase que se reúna durante los horarios en los que eres más propenso a la soledad.
- Servir de mentor a un niño.
- Salir para hacer ejercicios con un amigo o con un grupo.
- Otro millón de opciones más que no se mencionan aquí.

El mismo principio se aplica a otros problemas emocionales. A menudo las personas no ven las opciones que tienen disponibles si no son los patrones que siempre han seguido. Las personas con problemas de ira, por ejemplo, no ven que su primera opción, que pudiera ser nunca perder el control, todavía no es una opción. Su ira no desaparecerá sencillamente porque ellos quieran. Sin embargo, todavía tienen opciones. Pueden escoger alejarse de una situación cuando sientan que la ira comienza a surgir. Podrían aprender a reconocer lo que provoca la ira y evitar esas cosas. O cuando sientan la ira surgir por primera vez, podrían decir a la persona afectada lo que está sucediendo y entonces necesitan alejarse de la situación.

Como dice la Biblia, Dios proveerá una vía de escape.

Modelo para descubrir opciones: Bajar de peso

«Yo probé con el grupo para perder peso y no funcionó». A menudo escuchamos este comentario en nuestro programa radial o en los seminarios. O a veces: «Funcionó durante un tiempo, pero después volví a subir de peso». El desánimo que a menudo acompaña este problema es desgarrador, especialmente cuando la gente lo ha «intentado». Pero cuando uno empieza a buscar debajo de la superficie, con frecuencia encuentra que el problema no era el programa que no funcionó, sino la persona que no funcionó con el programa. Y ese problema está relacionado con no ver las opciones disponibles.

Al considerar bajar de peso, las personas normalmente ven dos cosas: comer menos y hacer más ejercicios. Y tienen razón. Muchos estudios repiten lo mismo: para bajar de peso uno necesita moverse más y comer menos. Pero esa solución tiene un problema: las personas no son capaces de hacerlo o al menos de mantenerlo. Lo que hacen es unirse a un programa y a veces obtienen resultados iniciales. Luego, poco a poco, comienzan a languidecer en su compromiso para con el programa. Por ejemplo, comienzan a probar solo concretarse a la dieta, en lugar de también seguir con los grupos. Y pronto descubren lo que siempre han visto: que les falla su fuerza de voluntad. Su conclusión: «Eso a mí no me resultó».

En realidad, lo que a menudo no ha resultado es su disposición para explorar otras opciones. Cualquiera que se proponga en serio controlar una conducta fuera de control tiene a su disposición varias opciones clave, opciones que en realidad funcionan. La lección, como se relaciona con nuestro tema actual de bajar de peso, es esta: Cuando tu fuerza de voluntad falla, apoyarse en la ineficaz frase «no te comas eso» no es tu única opción. Podrías:

- *Añadir estructura a tu programa.* Si no eres capaz de cumplir con los requisitos de determinado programa, entonces necesitas más disciplina desde afuera. Por ejemplo: A un grupo de mujeres que yo conozco se les estaba haciendo difícil tomar las decisiones necesarias para llevar a cabo su objetivo. Así que tomaron otra decisión. Escogieron algo que *sí podían* hacer. Decidieron que todas las mañanas, a las 7 a.m., tendrían una conferencia telefónica de treinta minutos para repasar lo que tenían que hacer ese día para lograr que funcionara y apoyarse unas a otras. Esa decisión en particular hizo que todo comenzara a salir bien.

- *Escoger eliminar la tentación.* Si escoger no comerte las papas fritas en la despensa no es una opción viable porque no tienes el poder de resistirlas, puedes escoger empezar por no comprarlas. Si no están en la casa, no te las vas a comer. Esta técnica le resulta muy útil a la gente. Escogen no tener en la casa ninguno de los alimentos prohibidos.

- *Escoger apoyo externo para el autocontrol.* Si no puedes cumplir con las sugerencias anteriores porque no puedes pasar de largo por las papas fritas en el mercado, entonces no vayas de compras solo. Ve a comprar con un amigo/a que esté en el programa contigo o con alguien que esté comprometido con tu meta. Si estás solo y te sientes tentado, pide que algunos amigos con quienes has acordado que te llamen en momentos así, conversen contigo para salir de la situación. Explícales que estás a punto de meterte en problemas y que quieres ayuda. Toma la decisión de prometerles que nunca vas a violar las reglas sin antes llamarlos.

- *Escoger añadir disciplina externa y estructura a tareas específicas.* Si se supone que hagas ejercicios varias veces a la semana, y no puedes hacerlo porque careces de autocontrol, pide prestada la estructura de otra persona. Decide unirte a una clase, o escoge a un grupo de amigos que se reúna cada mañana o a la hora del almuerzo y caminen o hagan ejercicios juntos. Puede que no tengas la fuerza de voluntad para hacerlo tú solo, pero puedes unirte a otros y aprovechar su fuerza de voluntad. Los estudiantes universitarios utilizan esta opción muy a menudo, uniéndose a grupos de estudio para ayudarse si carecen de disciplina para hacerlo ellos solos. Contratar a un entrenador logra el mismo objetivo.

• *Escoger lidiar con las emociones y el estrés que te están impulsando a comer.* Aunque la fuerza de voluntad no es una de tus opciones, hablar con alguien sobre los problemas que pudieran hacer que comas en exceso es una opción posible. Únete a un grupo, visita a un consejero, reúnete con un amigo y comienza a descubrir qué está devorándote. Llevar un diario es útil para algunas personas. Siempre tienes la opción de dejar que tus emociones sean solo tuyas o de contárselas a alguien. Luego de contarlas se volverán menos poderosas, perderán la capacidad de llevarte a la conducta sobre la cual has perdido el control.

• *Escoger no abandonar tu programa.* Una y otra vez escuchamos a personas que se unieron a un programa en particular, lograron cierto éxito pero luego lo abandonaron. No solo volvieron a aumentar de peso, sino que, según muestran las investigaciones, muy a menudo sucede que todavía aumentan más de peso. Entonces dicen: «Probé eso y no me resultó». Pero en la mayoría de los casos lo que hizo que no resultara fue el hecho de que abandonaran el programa.

Si realmente te interesa lograr el éxito, tienes que tomar dos decisiones. Primero, necesitas decidir no abandonar el programa, incluso si no estás contento con los resultados iniciales. Los que continúan son los que terminan obteniendo buenos resultados. Segundo, escoge hacer algo que te ayude a permanecer en el programa. Por lo general eso significa buscar el tipo de apoyo externo que se mencionó anteriormente. Permanecer en el programa es la decisión más poderosa. Olvida la opción de depender de tu propia fuerza de voluntad para evitar comer en exceso. No te aferres a una opción que está destinada al fracaso.

• *Escoge ver el bajar de peso como un cambio de estilo de vida a largo plazo.* Llegar a tener esta mentalidad de continuar en el programa es la decisión más importante que puedes tomar. Bajar de peso no es algo que uno sencillamente «hace». Es cuestión de cambiar tu estilo de vida al punto en que sea como el de las personas que no tienen problemas con el peso. Esas personas delgadas y estilizadas hacen las mismas cosas que las personas que están tratando de perder peso. Exploran sus emociones, buscan apoyo, se benefician de las mismas rutinas estructuradas para hacer ejercicios, etc. ¿Alguna vez pensaste en eso? Esta es la gente flaca que uno ve en el gimnasio. Van habitualmente, es su modo de vida. Y esa es la manera en que debes decidir ver tu rutina para bajar de peso. No es solo una decisión de bajar de peso. Es una decisión que tiene un alcance mucho mayor: la de cambiar tu estilo de vida. Cuando lo haces, las opciones para controlar tu peso comenzarán a ocuparse de sí mismas.

No hay duda alguna de que este breve debate no tiene la intención de ser una guía ni un programa exhaustivo para perder peso. Hemos aconsejado a demasiadas personas con problemas de peso como para pensar que en unas pocas páginas podamos ofrecer una fórmula cúralo todo. Si tu problema es el peso, lo sentimos mucho y te animamos a que busques una buena ayuda en un programa reconocido que muestre resultados palpables. Pero recuerda, los programas buenos solo funcionan si tú funcionas con el programa. Decide buscar uno con el que puedas seguir o decide buscar las estructuras de apoyo que necesitarás para mantenerte. Esa será la clave para el éxito.

Círculos de decisión

¿Recuerdas la sección sobre adaptabilidad? Señalamos que un niño que no tiene cena, no tiene cartas en el asunto, ya que este depende para todo de la persona que lo cuida. Pero un adulto con un refrigerador vacío tiene opciones. Entonces dijimos algo muy importante que debes recordar.

Señalamos que la mayoría de las personas no pierden de vista sus opciones en una situación sencilla como no tener comida en el refrigerador. Con facilidad reconocen que tienen otras opciones, como ir al mercado, ir a un restaurante o darse un paseo a la casa del vecino para prepararse un sandwich. Eso no es problema. Pero a menudo, si chocas con una barricada emocional o con una barricada laboral, se declara la mentalidad «no tengo opción». La mayoría de nosotros ejercemos las opciones en algunas esferas pero no en otras. Por lo tanto, para evitar quedarte atascado en cualquier esfera de tu vida, necesitas:

Encontrar los puntos en los que pierdes la libertad de elección.

Estos puntos son diferentes para todo el mundo. ¿Es cuando alguien se niega a darte lo que necesitas de ellos? ¿Es cuando alguien se enoja? ¿Es cuando chocas con un obstáculo en busca de una meta? ¿Es cuando tus emociones son fuertes o cuando estás deprimido? ¿Cuándo sucede? ¿Cómo sucede? ¿Quién lo produce? Cuando aprendas las respuestas a estas preguntas estarás de camino a la libertad.

Una mujer que llamó a nuestro programa radial dijo que iba a visitar a su familia durante la Navidad y se estaba sintiendo deprimida porque ella sabía que su abuelo aguaría la fiesta, tal y como hacía siempre. Ella temía escuchar sus críticas. Le preguntamos por qué tenía que escuchar eso y ella respondió: «Tengo que hacerlo, es todo. No tengo opción. Él es así».

Esta mujer perdía su libertad en cuanto llegaba a la puerta de la reunión familiar. No se daba cuenta de que nadie puede quitarte tu libertad, ella decidió renunciar a esta. Como nos dice Pablo: «Cristo nos libertó para que vivamos en libertad. Por lo tanto, manténganse firmes y no se sometan nuevamente al yugo de esclavitud» (Gálatas 5:1). Ella estaba permitiendo que su abuelo la «sometiera a un yugo de esclavitud». Él no tenía poder para hacer eso sin permiso de ella, pero la presión familiar de aguantarlo era tan fuerte que ese era el punto en que ella perdía su elección.

Mientras hablábamos, rápidamente pensamos en varias elecciones que ella tenía:

- Podía elegir no asistir.
- Podía elegir aceptar que él es como es, pero ella podía renunciar a su deseo de tener la aprobación de él. Eso le daría la capacidad de obviar sus comentarios.
- Ella podía identificarse con él: «Caramba, abuelo, parece que te resulta frustrante que yo sea como soy. Eso parece difícil». Ella no necesitaba quedarse atascada tratando de convencerlo de nada.
- Podía evitar a su abuelo en la reunión.
- Podía llamar a una amiga durante la reunión y contarle lo trastornado que él estaba y podían reírse del asunto.
- Podía llamarlo de antemano y preguntarle si tenía la intención de

humillarla como había hecho antes. Si él decía que sí, ella podía decirle que se iría a otra habitación cuando él comenzara sus humillaciones. Ella quería que él comprendiera esto por adelantado de manera que no se sorprendiera al ver su proceder.

De hecho, la persona que llamó comenzó a alegrarse. Solo el recordatorio de que siempre tenía opciones fue un enorme alivio para ella, como lo es para todos nosotros.

No nos va bien en la cárcel porque no fuimos diseñados para esta. Fuimos diseñados para ser libres. Y en cierto sentido, la vida es una lucha continua por obtener, recuperar y vivir la libertad que Dios nos ha dado de las fuerzas, tanto internas como externas, que nos quitarían nuestra libertad.

Averigua dónde se termina tu círculo de libertad y da pasos para ampliarlo hasta que puedas sentirte libre, no importa dónde estés, al recordar una cosa: ¡siempre tienes opciones! Al final, ninguna persona ni circunstancia puede controlarte, ese control te pertenece a ti y solo a ti. Así que toma la mano de Dios y regresa a la libertad que te dio al morir.

4

**Puedes expandir tus
límites y arriesgarte**

4

Solo aquellos que se arriesgan a ir demasiado lejos
pueden descubrir cuán lejos uno puede llegar.
—T.S. Eliot

Cuando yo (John) comencé a trabajar en psicología, me contrató un consultorio que me dio una oficina, apoyo administrativo, clientes y relaciones con colegas. El ambiente de trabajo era favorable, con gente que me caía bien, y allí adquirí mucha experiencia profesional. Sin embargo, con el tiempo comencé a desear más autonomía, hacer las cosas a mi manera y abrir mi propia consulta. Así que le dije al dueño del negocio lo que estaba planeando y llegamos a un arreglo que me permitió algún tiempo para hacer la transición de su consulta a mi nueva oficina, la que abrí con un colega.

Fue emocionante firmar el contrato para alquilar mi propia oficina. No sentí miedo al lanzarme a la nueva aventura. Después de todo, todavía trabajaba en el lugar anterior que estaba seguro y bien establecido. Pero mi último día allí fue cualquier cosa menos emocionante. En mi fiesta de despedida le dije adiós al personal y luego me subí al auto. Nunca olvidaré lo que pensé mientras manejaba a mi nueva oficina: *¿En qué rayos estaba pensando?*

No tenía un horario lleno de clientes y nadie me iba a proporcionar clientes nuevos. El primer día del mes tenía que pagar el alquiler y había firmado un contrato a largo plazo. El temor y la ansiedad reemplazaron toda la visión, energía y optimismo de mis primeros deseos de independizarme. Realmente estaba solo y no tenía una red de seguridad esperándome abajo. Sentí un verdadero miedo y lo tuve durante mucho tiempo.

Por suerte, sí tenía varios buenos amigos que atravesaron conmigo este período. Ellos me escuchaban, se identificaban conmigo y sobre todo, ratificaban la realidad. Me decían una y otra vez que todavía tenía lógica el plan que yo había concebido originalmente de irme solo. Me mantuvieron conectado a tierra. Así que llevé a cabo el plan: Pasé mucho tiempo en reuniones con otros profesionales y con personas que brindan ayuda a otras en mi nueva comunidad. Ofrecí mis servicios voluntarios a organizaciones e iglesias. Hablé sobre temas de psicología y relaciones en varios lugares de la zona. Continué recibiendo capacitación y supervisión en mi campo de trabajo.

Y al final el plan funcionó. Con el tiempo se estabilizó la nueva oficina y adquirió más prestigio y yo pude relajarme un poco. El primer día del mes no me asustaba tanto como antes.

Eso fue hace mucho tiempo. Pero la parte interesante es esta: Desde aquellos tiempos he tenido que correr muchos otros riesgos relacionados con el trabajo, desde cambiar de ubicación hasta nuevas aventuras y trabajos. Esos riesgos han sido reales y genuinos, tanto con altas como con bajas. Yo he estado preocupado, ansioso y he orado mucho. Sin embargo, *nunca he estado tan asustado o ansioso como aquella primera vez*. En aquel entonces fue diferente y yo era diferente. Me enfrentaba a lo desconocido con poca experiencia en manejar los riesgos. Así que aquel primer riesgo profesional fue una enseñanza para mí. Mejor que cualquier libro o conversación con un experto, me llevó por la experiencia de los riesgos y me mostró cómo navegar, probar cosas, hacer ajustes y ver el otro lado. Aquellas primeras experiencias siempre han cumplido el propósito de ayudarme a enfrentar nuevos riesgos con un poco más de confianza, valor y fe.

¡LLEGÓ LA HORA DE DAR EL SALTO!

Regresemos al propósito de este libro: queremos que dejes de culpar a las personas o a las circunstancias por tus fracasos. Queremos que te hagas cargo de tus sueños, tus metas y obstáculos, que maximices tu oportunidad de tener éxito. La manera de hacer esto es comenzar a adueñarte de tu vida y activar la realidad de aquellas cosas que solo tú y nadie más puedes hacer a lo largo del camino. Una de las clave para responsabilizarse en esta vida es *convertirse en una persona que sea capaz de expandirse y arriesgarse sin tener miedo*. Tal vez necesitas hacerle una propuesta a tu jefe en cuanto a darte un puesto mejor. Quizá llegó el momento de considerar obtener una nueva formación o recibir más educación. Podría ser que necesitaras intentar nuevas maneras de conquistar un mal hábito. O quizá necesites tener una seria confrontación con alguien que te está causando problemas. Todos encontramos situaciones similares a estas y a menudo la única manera de resolverlas es correr riesgos y exigirnos más. Este capítulo te ayudará a entender el proceso y te mostrará cómo dar los pasos correctos.

Para aclarar lo que estamos diciendo, definamos expandir y correr riesgos como *acciones en pro de una meta, lo cual incluye una posibilidad real de peligro.* Esto significa entrar a un nuevo territorio con los ojos abiertos, consciente de que puedes sufrir alguna pérdida o daño pero sabiendo que has decidido que el riesgo vale la pena. Para ilustrar el riesgo desventajoso en el ejemplo anterior, tu jefe podría criticar tu propuesta. Recibir una nueva capacitación podría ser un fracaso y costarte tiempo y dinero. A pesar del esfuerzo que empleaste en cambiar ese hábito, puede que este empeore. Confrontar a la persona problemática podría motivar una explosión en tu cara.

No todos los riesgos son iguales. Hay riesgos inteligentes y riesgos tontos. Los riesgos inteligentes lo son por dos motivos: porque tus probabilidades de triunfar son bastante buenas (el jefe ha querido que tú tomes la iniciativa de hacer la propuesta), o porque el costo del fracaso es despreciable (a él no le gusta la propuesta pero tú y tu trabajo le siguen gustando). Los riesgos tontos son lo opuesto: tienen muy pocas oportunidades de triunfar (al jefe nunca le han gustado las propuestas de nadie en treinta años), o el fracaso tendría un alto precio (cuando la gente hace propuestas, él se siente amenazado y socava los trabajos de ellos). Aquí lo importante es que recuerdes que *solo necesitas una de estas dos condiciones para tener un riesgo inteligente.*

En otras palabras, una alta probabilidad de tener éxito a menudo superará un alto precio por el fracaso, así que una alta probabilidad podría ser una luz verde para lanzarse. Y un bajo precio por el fracaso a menudo superará una baja probabilidad para el éxito, así que eso también podría ser una luz verde. Demasiadas personas insisten en tener ambas cosas: Probablemente triunfaré y aunque no fuera así, el lado negativo no es gran cosa. Eso no tiene nada de malo. Lanzarse bajo estas circunstancias positivas tal vez sea una buena decisión. Pero no le llames riesgo. Junto con estas opciones seguras, necesitas unas cuantas gotas de riesgo inteligentes para alcanzar las metas y sueños que quieres.

La gente ha lidiado con los riesgos desde el principio, no es nada nuevo. Dios siempre ha animado a su pueblo a que corra riesgos para crecer, cambiar y vivir la vida de fe que producirá buen fruto. Ningún héroe espiritual ha podido evitar los riesgos. Todos han corrido riesgos y Dios ha estado con ellos. ¿Recuerdas al apóstol Pedro?

—Señor, si eres tú —respondió Pedro—, mándame que vaya a ti sobre el agua.

—Ven —dijo Jesús.

Pedro bajó de la barca y caminó sobre el agua en dirección a Jesús. Pero al sentir el viento fuerte, tuvo miedo y comenzó a hundirse. Entonces gritó:

—¡Señor, sálvame!

En seguida Jesús le tendió la mano y, sujetándolo, lo reprendió:

—¡Hombre de poca fe! ¿Por qué dudaste?

Cuando subieron a la barca, se calmó el viento. Y los que estaban en la barca lo adoraron diciendo:

—Verdaderamente tú eres el Hijo de Dios (Mateo 14:28-33).

Uno tiene que reconocer la naturaleza arriesgada de Pedro. Sin dudas él era impulsivo. Y muchas veces fracasó miserablemente. Pero Pedro siempre era el que daba el salto y probaba algo nuevo. ¿Dónde estaban los demás? Es significativo que también sea Pedro, con todas sus imperfecciones, el hombre a quien Jesús le dio el nombre de Roca,[1] un título de estabilidad, fe y fundamento. ¡Pedro es el santo patrón de *expandirse y correr riesgos!* Con sus riesgos Pedro adquirió madurez y al final triunfó en la vida.

Los riesgos pueden hacer lo mismo contigo. ¡Así que sal del bote y mira a ver qué pasa!

Ahora recorreremos contigo los pasos que muestran cómo hacerlo.

Haz del cambio un aliado

El primer paso es entender la naturaleza y el valor del *cambio.* Para que alcances tus sueños y en verdad tengas una vida, un trabajo y relaciones diferentes, necesitas ver en el cambio un amigo y no un enemigo. El cambio es difícil, incómodo y perturbador, pero los grandes éxitos provienen de una disposición a cambiar. Las personas que aprenden a expandirse y a arriesgarse también han aprendido a ver los beneficios y el fruto del cambio, en lugar de sentir temor y evitarlo.

Dicho sencillamente, el cambio se refiere a que *las cosas se vuelvan diferentes, en lugar de que permanezcan iguales.* El cambio es dinámico, significa movimiento. No es el status quo. Hay algunos cambios ante los que no tenemos opción, como envejecer, accidentes ocasionales, la economía y la opinión decadente de otra persona con relación a nosotros. Pero, como veremos, tenemos más opciones de las que creemos tener.

Existen dos tipos de cambio. Todo el mundo quiere uno de ellos, pero solo aquellos que están listos para una vida mejor quieren el otro.

El primer tipo es el *cambio de desenlace.* Un desenlace es el resultado final que estás buscando. Un cambio de desenlace se refiere al fruto que quieres cosechar, las diferencias que te gustaría ver. Quizá es adelgazar, una vida exitosa en cuanto a relaciones amorosas, un matrimonio apasionado o una profesión que te haga sentir realizado. Abrazar un cambio de desenlace es algo bueno. Esto motiva, inspira y nos mantiene concentrados en nuestras metas.

Pero esa es la parte fácil del cambio. Es más fácil porque abrazar el deseo de un desenlace diferente es algo perfectamente obvio. Al igual que soñar despierto, pone imágenes positivas, una visión, en tu mente. Pero el mero hecho de abrazar esas imágenes no produce ningún beneficio. Es necesario para desarrollar una visión, pero no es el trabajo más difícil.

El segundo tipo, el más potente, es el *cambio de enfoque.* Un enfoque es la manera en que acometemos el logro de nuestros resultados y el alcanzar nuestras metas. Un cambio de enfoque pudiera ser inscribirse en Weight Watchers, unirse a un servicio de citas, insistir en tener conversaciones reales sobre tu matrimonio o tomarse unas vacaciones del trabajo para resolver el trabajo. Significa hacer las cosas de modo diferente, de una nueva forma, una manera que pudiera no ser familiar. Pero está bien. Porque *cuando no cambias tu enfoque, tienes garantizado seguir recibiendo lo que estás recibiendo.* O, como dice la cita que se le atribuye a Albert Einstein: «Locura es hacer lo mismo una y otra vez esperando resultados diferentes». Eso significa que cuando te resistes a cambiar lo que estás haciendo —aunque no esté funcionando— para obtener lo que quieres, literalmente perdiste el contacto con la realidad. Estás loco.

Sin embargo, cuando sí cambias tu enfoque, a su vez recibes un cambio de resultado. Una cosa es clave para la otra. Aquí no hay trucos. A todos nos gustaría que la vida fuera diferente y mejor, hay muy poco temor o riesgo en querer eso, pero el potencial para una vida cambiada es mucho más grande para aquellos que escogen cambiar lo que están cambiando.

El cambio puede implicar trabajo y también puede dar miedo. Puede que tengas que reconocer que estás equivocado, que has estado yendo por el camino equivocado. O puede que tengas que chocar con la opinión contraria de alguien con relación a la manera en que están las cosas. Puede que necesites sacar algún tiempo para tomar una clase. O puede que necesites disculparte con otra persona por no amarla con todo tu corazón. Más que nada, tendrás que soltar el control que tienes o que intentas tener sobre otros. Este libro trata sobre aumentar tu autocontrol, es decir, el control sobre tu vida. Pero *realmente no puedes tener autocontrol hasta que renuncies al control sobre otros.*

En cierta medida todos somos maniáticos del control. Quisiéramos que nuestras vidas, nuestras relaciones y nuestros trabajos funcionaran de la manera que quisiéramos. En el negocio he escuchado a más de un amigo que tiene un problema decir algo así: «Si mi organización tan solo hiciera las cosas a mi manera, estaríamos bien». Quizá. Pero por lo general la verdad era que esos amigos no tenían toda la información correcta ya fuera para justificar su método o para criticar el método de la organización. Sencillamente se sentían más cómodos tratando de controlar las reacciones de otros para alinearlos con las suyas en lugar de enfrentar la posibilidad de que su propia perspectiva debía cambiar.

Tengo una amiga que es madre de un adolescente que tiene el trastorno por déficit de atención con hiperactividad o ADHD. Es un diagnóstico claro, no del tipo que los médicos a veces hacen para tapar la falta de estructura y disciplina en el hogar. La familia tiene mucho amor saludable y también estructura, y el muchacho es una persona responsable. Realmente tiene la enfermedad y toma un medicamento que le ayuda a mantenerse enfocado y a pensar mejor. Sin embargo, no le gustaba el trabajo de tomarse la medicina ni el sentirse inferior al necesitarla. Así que, como es común en los adolescentes, quería dejarla. Mi amiga se me acercó y me dijo:

—¿Cómo puedo hacer que se tome la medicina? La necesita.

—¿Qué has intentado hasta el momento? —le pregunté.

—Le recordé que la necesita y traté que la tomara —contestó—. Incluso pensé ponerle restricciones hasta que se la tomara.

Pensé un momento y le dije:

—Deja que no la tome durante unos días.

—¿Estás loco? —dijo ella—. No podrá prestar atención en las clases, ni estudiar ni hacer la tarea.

— Quizá —le dije—, pero prueba de todas maneras.

A ella no le gustó la idea pero no estaba logrando nada con sus métodos, así que estuvo de acuerdo.

Unos días después le pregunté cómo iban las cosas.

—Es curioso —me contestó—. Los dos primeros días le encantó estar libre de la pastilla. Pero al tercer día le pidieron que saliera de un par de clases porque estaba haciendo payasadas. Luego se le olvidó la tarea y desaprobó una prueba en la que había estado obteniendo sobresaliente.

—¿Qué pasó entonces? —le pregunté.

—Bueno, no dije nada, aunque realmente quería hacerlo. Pero antes de acostarse esa noche me dijo: «Mamá, creo que necesito mis pastillas. ¡Pero no te ufanes por eso!»

Los dos nos reímos de su comentario, pero la lección fue seria. Mi amiga hizo un cambio importante que produjo un gran fruto en la vida de su hijo. Ella dejó de recordársela y hostigarlo y dejó que él experimentara la vida sin los medicamentos. Lo mejor de esto es que *ahora es el muchacho quien se ocupa y asume la responsabilidad de su cuidado y no su mamá*. Está rumbo a convertirse en un adulto.

Yo estaba bastante seguro de que el resultado sería bueno porque conozco a ese muchacho y a él realmente le interesa salir bien en la escuela y quiere entrar en una buena universidad. Si ese no hubiera sido el caso, puede que yo hubiera dado un consejo diferente. ¿Fue incómodo y difícil el cambio de esta mamá? Sí que lo fue y no obstante, ya que ella estuvo dispuesta a correr el riesgo y probar algo diferente, y renunciar al control de la situación, ahora ambos están mucho mejor.

Líbrate de la inercia

En el mundo de la física, la inercia es la tendencia de las cosas a quedarse como están. Si tiras una pelota de béisbol, irá en la misma dirección a menos que alguna fuerza externa, como un bate, cambie su dirección. Otra ley de la inercia que se aplica al cambio es esta: se necesita más energía para hacer que un objeto estacionario se mueva que la que se necesita para cambiar la dirección de un objeto que ya está en movimiento. Tienes que esforzarte más para lanzar una pelota al aire que para cambiar el rumbo de una pelota que se está moviendo.

Estos principios de la inercia también se aplican a tu vida personal y a tu deseo de alcanzar el éxito. Todos tenemos la tendencia de resistirnos al cambio y dejar las cosas tal y como están. Eso es inercia. Pero es más difícil cambiar si no llevas ningún rumbo que cambiar *aunque vayas en la dirección equivocada*. Es más fácil corregir tu curso cuando ya estás moviéndote.

Por ejemplo, tengo un amigo que andaba por los treinta y tantos años antes de encontrar su profesión. Dio varios pasos equivocados y tomó varios trabajos que no resultaban adecuados para él. Pero siguió buscando, preguntando, investigando y explorando. Tuvo reveses financieros aunque nunca puso en peligro a su familia. Nunca se conformó con «Creo que esto es lo mejor que puedo hacer, pero no lo disfruto». Nunca culpó a nadie. Él seguía dándole al bate, yendo a reuniones, haciendo preguntas e investigando. Finalmente se involucró en la industria de los medios de comunicación que le encajaba muy bien. Lleva varios años contento en ese campo.

Sé como mi amigo. Libérate de la inercia, decide ahora empezar a hacer cambios. Una mala decisión es mejor que ninguna decisión, como dicen los soldados de la marina: Conviértete en un objeto en movimiento. Siempre que te mantengas en movimiento, ¡a Dios le tomará menos energía cambiar tu dirección!

Disfruta el paseo

No es suficiente apretar los dientes y decir: «Está bien, comenzaré a disponerme a cambiar». Una reacción así es desganada, se basa en el miedo y acabarás por sabotearte a ti mismo. Por el contrario, necesitas aprender a experimentar el cambio como algo positivo, beneficioso y que a menudo se puede disfrutar. El paseo puede ser divertido, a veces incluso emocionante.

A menudo escucho a las personas que se rehúsan al cambio utilizar frases negativas y basadas en la inercia como estas: «Eso nunca funcionará» o «Esa es una idea loca» o «Supongo que las cosas están bien como están». Tales respuestas reflejan su sentir de que los cambios son malos y dolorosos. Por otro lado, escucho a la gente que le gusta el cambio decir cosas como: «Esa idea puede ser lo suficientemente rara como para que funcione» o «¿De qué manera podemos ver esto que nadie ha visto nunca antes?» o «Estamos estancados y es aburrido. Vamos a mover las cosas».

Me gusta estar alrededor de este segundo grupo. Son dispuestos, tienen expectativas y no le temen a lo desconocido. Hazte miembro de ese grupo.

Enfrenta y rechaza tus temores

Cuando doy consultas a personas de negocios acerca de su organización o cuando aconsejo a personas con relación a sus relaciones, por lo general experimento una evolución predecible de los acontecimientos. Primero revisamos el objetivo o la situación problemática. Luego analizamos los esfuerzos que ya se han hecho y que no han sido efectivos. Después vamos a asuntos más profundos acerca de lo que yace bajo el conflicto o el problema. Después de eso, analizamos nuevas soluciones. Ahora bien, lo que casi siempre sucede después es una especie de resistencia, excusa o evasión: los clientes por lo general me dan razones por las cuales las soluciones no funcionarían. Pero yo anticipo que eso suceda y, por lo tanto, proseguimos.

Después vamos a otra capa debajo de la resistencia que explica la resistencia: una capa de temor. Cuando las personas admiten: *Tengo miedo de expandirme y correr riesgos en esta relación, o en este trabajo o al tratar con mis hábitos*, estamos muy cerca del éxito.

Eso podría sonar contrario a lo que es lógico, pero es verdad. ¿Cómo el admitir algo negativo como el miedo puede acercarte más a una vida maravillosa? La respuesta es que cuando puedes comprender tu temor al riesgo, eres libre para rechazar dicho temor. Y esta libertad lleva a otra, la libertad de dar nuevos pasos por nuevos caminos de éxito. Cuando no conoces tus temores, no puedes lidiar con ellos. Estos siguen a cargo de tu vida y tú sigues impotente.

Temor útil e inútil

Así como hay riesgos inteligentes y tontos, también hay temores útiles e inútiles. Al igual que cualquier emoción, el temor es una señal para nosotros. Nos alerta de situaciones que son un posible peligro y nos preparan para actuar de manera protectora. Es por eso que el temor tiene un componente fisiológico: aumenta la frecuencia cardiaca, hay oleadas de adrenalina y tensión muscular. Estas respuestas nos preparan para huir del peligro. Así que el temor es útil cuando hay una situación verdaderamente peligrosa ante nosotros y cuando necesitamos realizar una maniobra para eludir un ataque. Si tu compañía va a la bancarrota, tu temor de los problemas financieros pudiera ayudarte a enviar tu currículo y prepararte para buscar otro trabajo. Ese miedo útil está basado en la realidad.

Al mismo tiempo, algunos temores son inútiles para nosotros y nos impiden correr los riesgos que necesitamos correr. Estos temores inútiles no se relacionan con la realidad sino más bien con nuestras percepciones equivocadas y las distorsiones que tenemos en nuestras cabezas. Necesitamos aprender a prestar atención a unos y liberarnos de los otros.

Por ejemplo, a mí me encanta el rock y de estudiante solía tocar en un grupo. Cuando crecí y comencé a trabajar, supuse que mis días habían acabado y me conformé con ser un oyente y no un intérprete. Sin embargo, un día estaba hablando con algunos vecinos y ellos mencionaron un ensayo próximo. Paré las orejas y les pregunté para qué estaban ensayando. Me contaron que tenían un grupo de rock. Me sorprendió que aquellos hombres de negocios, que también eran esposos y padres, tocaran en un grupo de rock. Ahora sé que esto es mucho más común de lo que suponía en aquel entonces.

En fin, les conté que a mí también me gustaba tocar y les pregunté si necesitaban otra persona. Si era así, ¿podía yo hacer una prueba? Dijeron que sí y me dijeron dónde y cuándo debía estar.

Justo después de hacer aquel compromiso sentí miedo y ansiedad. No era algo que me incapacitara pero era suficiente como para hacerme considerar el inventar alguna excusa y cancelar la prueba. Sentí temores tanto útiles como inútiles. Aquí menciono algunos junto con mis pensamientos para contrarrestar los mismos.

- *¿Y si no soy lo suficientemente bueno para el grupo y estos hombres tienen una mala opinión de mí?* Inútil. Los hombres no son así y además, si no soy lo suficientemente bueno quizá pueda tomar algunas lecciones y mejorar.
- *¿Y si no soy bueno y me dejan entrar porque son buena gente y sienten pena por mí?* Inútil. No van a echar a perder al grupo por ser agradables. Y, además, en unos meses todos sabremos si funciona o no.
- *¿Y si entro en un grupo y mis otros amigos y familia me dicen que estoy intentando regresar a la adolescencia?* Inútil. Si dicen eso, buscaré opiniones y veré si hay alguna razón psicológica por la cual no debiera hacerlo. Pero hasta ese momento, no hay razón para no hacer la prueba.
- *¿Y si le quita demasiado tiempo a mi familia?* Útil. Cualquier interés personal tiene que medirse en términos de relaciones, valores y obligaciones.
- *¿Y si los equipos cuestan mucho dinero?* Útil. Es hora de hablar con mi esposa acerca de cuánto espacio tenemos en el presupuesto de pasatiempos.

Resultó que la prueba salió bien y durante varios años el pasatiempo ha sido una gran diversión. Pero aquí la idea es que aprendas qué temores son útiles (es decir, fundados en la realidad) y cuáles son inútiles (porque se basan en tus propias ideas falsas). Cuando tratas con tus temores inútiles, eres mucho más capaz de escoger bien y con libertad los riesgos que debes correr.

Tu lista de temores

Los temores, como las pesadillas, se descartan mejor a la luz del día. Desenmascara tus temores ante ti mismo y ante otros en quienes confíes. Identifícalos y detecta de dónde provienen. Son mucho menos poderosos cuando puedes verlos a la luz. Dite a ti mismo: *No he corrido un riesgo en una esfera importante de mi vida porque temo que:*

- *Perderé una relación.* ¿Estás seguro? ¿O esa persona simplemente se enojará y se alejará por un tiempo?
- *Alguien se enojará conmigo.* El enojo de otros es desagradable pero debes ser capaz de tolerar que la gente se enoje contigo para lograr el éxito.[2]
- *Pudiera herir los sentimientos de alguna persona.* Es verdad, podría ser, pero la herida y el daño son dos cosas diferentes. No quieres hacer daño, pero la incomodidad puede ser de ayuda para alguien.
- *Pudiera perder mi trabajo.* Comprueba la realidad de ese temor con alguien que sea equilibrado. ¿Es la situación realmente tan frágil?
- *Podría fracasar.* Puede que sí. Puede que no. Y a menudo el fracaso es una bendición.
- *Puedo desilusionarme.* Es posible. Y cuando suceda, llama a un amigo, busca ánimo y levántate de nuevo.
- *Perderé el control.* Si te surgen sentimientos fuertes, trátalos con alguien que pueda ayudarte a expresarlos y entenderlos.
- *No sé que pasará después.* Es verdad, pero tienes una idea bastante buena. No esperes hasta que haya un 100 por ciento de garantía en el resultado.
- *Pudiera tener sentimientos que no quiero tener.* Sí, los sentimientos pueden ser incómodos, pero no duran para siempre.
- *Estaré peor que si nunca hubiera corrido el riesgo.* Es cierto que no debes arriesgarlo todo en algo que tenga pocas probabilidades de éxito pero, ¿te arrepentirás más adelante de haber perdido la oportunidad que ahora tienes de mejorar la situación?

Espero que no pienses que estoy restándole importancia a tus temores. No es así. Los temores son reales y bastante dolorosos. Pero siempre somete tus temores a la realidad. Mira a ver si es tu pasado quien está hablando o si le has dado demasiado poder a una persona que critica mucho o si las cosas realmente son tan malas como temes. Es un ejercicio útil.

Aprende cómo tratar y rechazar el temor

Estudiar la lista anterior no abolirá todos los temores para todos los tiempos. La vida no es así. Aunque puedas convertirte en una persona que enfrenta los cambios y corre riesgos, siempre enfrentarás ansiedad, preocupación y sentimientos de temor cuando aparezca un peligro desconocido. Pero puedes rechazar el temor cuando lo entiendas y cuando comprendas de dónde saca poder para paralizarte.

Temor al temor

Como te dirían muchos psicólogos, el temor es más fuerte cuando tememos tener miedo. A eso se le llama temor al temor. Imagínate que necesitas confrontar al jefe respecto a su actitud, pero temes que él tome represalias. Así que te quedas feliz y positivo por fuera pero sigues insatisfecho por dentro.

Mientras más obvies el temor, más lo activarás. Y ya que el temor está asociado con un resultado incómodo, dejar que haga su madriguera en tu mente lógicamente te produce un sentimiento incómodo. Con el tiempo aprendes a evitar pensar en la situación que te produce temor para no tener que seguir experimentando dicho sentimiento. Y mientras más evites sentir el temor, más temor tendrás de él. Es un círculo vicioso y no te ayuda a lograr tus sueños.

Si estás experimentando esta espiral descendente, comienza a permitirte tolerar el temor. Permítete sentir la ansiedad y los sentimientos de temor que tienes con relación a la ira de tu jefe. Mientras más lo hagas, más cuenta te darás de que las cosas pueden volverse desagradables, pero puedes sobreponerte a su ira. Ahora puedes permitir que el temor entre a tu mente, reconocer qué es y dejarlo ir. Enfrentar el temor te ayuda a no temerle más a tu temor. El poder se reduce considerablemente.

El poder del autocontrol

Otro aspecto del temor es que *mientras menos control y poder sientas, mayor es el temor*. El temor es una señal de peligro. Te dice: «¡Protégete! ¡Huye!» Y si no sientes ningún sentido de control o poder sobre tu vida y tus decisiones, te ves a ti mismo impotente, inseguro y vulnerable. Estás a merced del peligro y no puedes protegerte a ti mismo. Es un sentimiento horrible y le da al temor una fuerza que no debería tener.

El antídoto es ver la realidad de que no estás desvalido. Tienes opciones, todas las opciones que tiene un adulto maduro. No eres el esclavo de tu jefe, ni su víctima ni su niño pequeño. Puedes relacionarte con él, hablar con él como adulto y si tienes que hacerlo, protégete de cualquier toxicidad que pueda lanzarte. Recuérdate que tienes opciones. Esto te dará acceso a todo el control y poder que necesitas.

Apoyo y revisión de la realidad

Siempre ayuda tener algunos amigos a quienes puedas confesar tus temores, amigos que puedan sopesarlos desde un punto de vista menos comprometido. Cuéntales de qué sientes temor y diles: «Necesito hacer una revisión de la realidad. ¿Estoy escuchando un temor que es real o está solo en mi cabeza?» Ellos pueden darte visión, perspectiva y ánimo para que dejes a un lado el temor.

Una vez tuve que confrontar a cierta persona por un problema y realmente tenía temor de su reacción. Él era defensivo y usaba un lenguaje adulador. Yo lo había visto arremeter contra gente que le decía la verdad, pero necesitaba hacer esto por su familia y por él. Unas horas antes de la reunión un par de amigos me llamaron a mi celular solo para decir: «Esto es una verificación de la realidad. Estás haciendo lo correcto y estoy de tu parte». Significó mucho para mí y pude llevar a cabo la conversación. Fue difícil y él arremetió contra mí, pero pude escucharlo, permanecer neutral y no obstante ser directo con relación al problema. Y ya que lo hice, y porque sucedió de la manera correcta, con el tiempo él y su familia mejoraron muchísimo.

Probar cosas que van más allá de ti

Mi primer trabajo al salir de la universidad fue supervisar un hogar de niños. Yo era un recién graduado de veintitrés años, que vivía en una cabaña con siete chicos adolescentes. En aquel entonces no sabía lo poco que sabía y ahora me alegra que no lo supiera.

Paul, uno de los muchachos del lugar, un chico grande y musculoso de dieciséis años, me odiaba a toda costa. Él era de otra cabaña y una noche yo lo atrapé escapándose. En su mente, yo no tenía autoridad para reportarlo porque él no era de mi grupo. Así que cuando lo hice, él se trazó la misión de hacerme desdichado. Paul entraba a una habitación donde yo estaba con otras personas y me maldecía. Me amenazaba cuando otros no podían escucharlo. Para mi desgracia, él tenía fama de ser un buen luchador, así que sus amenazas tenían fundamento. Además, instaba a otros chicos a desobedecerme. Con el tiempo su misión funcionó. Aunque otros trabajadores y yo probamos todas las cosas indicadas: hablar con Paul, trabajar en la relación, establecer límites y hacerle advertencia con respecto a más límites, la mala conducta aumentaba y cada vez estaba más fuera de control. A él no le importaban las consecuencias, quería herirme.

Yo no sabía qué hacer. Las cosas iban de mal en peor. Entonces un día, Ray, mi jefe, quien realmente tenía un don con los niños, me dijo:

—Ten una pelea de boxeo con Paul.

—¡¿Qué?! —dije yo.

—Creo que necesitas boxear con Paul.

—¡Tienes que estar bromeando!

—Bueno, escúchame. Nada está funcionando, ¿verdad? Y yo pienso que a veces un chico verdaderamente enojado como Paul necesita experimentar su agresión con tu propia agresión, en la vida real. Él tiene este asunto con las venganzas y creo que su mente se está volviendo más y más colérica y poderosa porque no tiene nada que hacer con su enojo. Nunca tuvo un padre a quien enfrentar para experimentar un conflicto saludable. Y, por lo tanto, su enojo tiene vida propia. Además, pienso que será una especie de relación entre tú y él. Algo así como el vínculo que los contrincantes sienten después de un juego.

—No. Estás loco —le dije yo—. No.

—Bueno, es solo una idea. Pero piénsalo, ¿está bien?

Sí que lo pensé. Mientras tanto, en los próximos días, Paul se puso más y más loco y estábamos comenzando a considerar enviarlo a un ambiente más estructurado. Por fin pensé, *¡qué caramba!*

Así que se programó la pelea. Tres asaltos. Ante la expectativa, los niños del hogar casi se volvieron locos. El sueño de cada chico era que uno de ellos aniquilara a alguien con autoridad. En cuanto a mí, yo no sabía nada de boxeo, así que un amigo me dio unas lecciones apuradas.

El día de la pelea yo tenía náuseas. Entré al salón donde se había preparado el cuadrilátero. Lo rodeaban sesenta niños que gritaban que Paul me matara. Cuando sonó la campana, nos lanzamos. Paul era mucho más rápido y experimentado que yo en el boxeo, pero el tamaño me daba un poco de ventaja y tal vez podría usar mejores estrategias. En todo caso, sobreviví a los tres asaltos y la mayoría dijo que era un empate. (En realidad, yo creo que Paul ganó.)

Ray tenía razón. Paul cambió conmigo. Nunca tuvimos una relación cercana, pero terminó el hostigamiento. Me saludaba cuando nos encontrábamos y cuando le preguntaba cómo le iba, siempre tenía algo que contar. Se estableció una especie de relación positiva entre nosotros, así como un poco de respeto mutuo. Un año después me fui del hogar y nunca volví a ver a Paul, pero todavía pienso en él de vez en cuando y le deseo lo mejor.

No le recomiendo a otros la solución de Ray. Creo que fue su genio intuitivo lo que lo inspiró en esa circunstancia muy peculiar, que no debe repetirse nunca. Y, literalmente, yo estaba muy fuera de mi zona de comodidad. Pero la combinación de factores, la realidad de que nada funcionaba, junto con el respeto que yo sentía por Ray, así como mi impulso de mis veinte años, crearon una manera de probar algo que iba mucho más allá de mí mismo. Quizá no fuera más allá de mí en lo físico, pero sin dudas más allá de cualquier idea que yo tuviera de ser capaz de hacer algo tan irreflexivo como luchar con un chico combativo.

Exigirse más

De eso trata expandirse. La gente exitosa siempre se exige más a sí misma, prueban cosas nuevas y salen de su zona de comodidad. Así es como funciona la vida y como fuimos diseñados. No hay una posición estática en el crecimiento y en la vida. O nos movemos hacia delante o hacia atrás. Y esta es la realidad que necesita expandirse: *aquello que deseas demandará más de ti de lo que eres en la actualidad.*

¿Con qué sueñas y qué deseas? Espero que tus sueños sean grandes, soñar en grande es la única manera de crecer en la vida. Pero al mismo tiempo, los sueños grandes exigirán grandes cosas de tu parte. Puede que descubras que necesitas probar cosas que ahora no puedes hacer. Eso significa que necesitarás desarrollar habilidades y capacidades que lograrán el sueño.

Por ejemplo, tengo una buena amiga que siempre ha soñado con ser psicóloga. A ella le atrae mucho el proceso de relacionarse a un nivel profundo con las emociones de las personas y comprender el centro de su ser para ayudarles a crecer y sanar. Es una madre soltera, así que su nivel escolar no encaja en el patrón típico de ir directo a una educación avanzada luego de obtener su licenciatura. Pero ese no ha sido su mayor obstáculo. Lo que realmente iba más allá de ella eran los requisitos de matemática y estadísticas del postgrado.

En su vida anterior ella se especializó en bellas artes y siempre odió y evitó las matemáticas. Ahora ella tiene esta meta que incluye trabajos de clase y un examen obligatorio de matemáticas y estadísticas. Era algo grande.

Sin embargo, ella no iba a permitir que eso la detuviera. Así que se matriculó en cursos, contrató tutores e hizo exámenes de práctica en esas materias que ella evadía. Al principio fue realmente doloroso, ya que ella nunca había ejercitado su cerebro en esas materias, y aún peor si mencionamos que hacía muchos años que no iba a la escuela. Pero con el tiempo, *lo que estaba más allá de ella se convirtió en parte de ella*. Ahora apenas podía creer que realmente comprendiera las matemáticas y las estadísticas a un nivel bastante sofisticado. Nunca habría sucedido si no hubiera estado dispuesta a expandirse.

Examina tu propia situación. ¿Requiere tu sueño más de ti de lo que ahora tienes? ¿Hacerle más frente a los problemas y ser más enérgico en tus relaciones? ¿Aprender una nueva habilidad, como contabilidad, computadoras o técnicas de venta? ¿Conocer la Biblia y comprender conceptos teológicos? ¿Dominar las habilidades de escuchar para un determinado puesto? *Solo porque no puedas hacer esas cosas ahora mismo no significa que no podrás hacerlas mañana*. Los próximos debates sobre la perseverancia (ver capítulo 8) tratarán en detalle cómo involucrarte en el proceso de expansión que te llevará a ese punto.

Realmente vives cuando llegas al final de tus habilidades. Fuimos diseñados para cambiar, para probar cosas nuevas, fracasar, aprender y convertirnos en mejores personas. Aquellas personas que han dejado de ir más allá de sí mismas, han dejado de vivir. Las investigaciones sobre el envejecimiento apoyan esta idea. A medida que las personas envejecen, aquellos que siguen aprendiendo cosas, desde bailar, escalar rocas o invertir en bienes raíces, permanecen más saludables y alertas. La capacidad de la mente para cambiar se conoce técnicamente como plasticidad y significa que nuestras mentes se adaptan y crecen en la medida en que se lo pidamos. Pero si no exigimos nada de nuestras mentes, estas comienzan a deteriorarse. Es el principio de «o la usas o la pierdes».

Y no solo eso, sino que cuando aprendes nuevas habilidades para alcanzar tu meta o resolver tu problema, recibes otro beneficio. *Esas habilidades también serán valiosas para alcanzar otras metas*. Las habilidades de la vida que antes iban más allá de ti a menudo pueden darte más éxito, competencia y dominio sobre tus demás planes y sueños. Prepararte más para los negocios o el crecimiento personal, o aprender sobre las adicciones, la crianza de los hijos, pueden afectar muchas otras partes de tu mundo. Por ejemplo, mi amiga que ahora sabe matemáticas también es más competente en sus finanzas personales. Y mi experiencia con Paul me ayudó a aprender cómo lidiar de manera eficiente con alguien que me odiaba. (Sin embargo, te aseguro ¡que he encontrado otras formas además del boxeo!)

Pienso, luego hago

Las personas que son expertas en expandirse y arriesgarse tienen la habilidad para *pensar y hacer*. Esto pudiera sonar muy simple, pero muchas personas no tienen esta habilidad. Como resultado, a menudo acaban sin vivir las vidas que les encantaría vivir. Déjame explicarme. Cualquier meta que implique riesgos, ya sea invertir tus esfuerzos, tener una conversación importante o probar en una industria nueva, también requerirá un proceso para involucrarse lo mejor posible en ese riesgo. Básicamente esto quiere decir que los que son inteligentes al correr riesgos piensan muy bien el asunto y luego, si el riesgo parece valer la pena, lo corren. Dan el salto y se tiran al agua. Han aprendido cuándo es el momento de pensar y analizar y cuándo es momento de detenerse y hacerlo. Ese es el proceso, pensar y hacer. En los escenarios exitosos, uno va primero que el otro.

Cuando mi padre y mi madre eran novios en Carolina del Norte, nuestra tierra natal, ella recibió una llamada para tener una audición en una compañía de ópera grande en la ciudad de Nueva York. Ella era una soprano de coloratura muy talentosa y tenían mucho interés en contratarla. De hecho, recibió una oferta para mudarse para allá y entrar en la compañía.

Esta oferta le presentó a mi padre dos cosas difíciles con las que tendría que lidiar. Él realmente valoraba su talento musical y quería que tuviera éxito. Sin embargo, mudarse a Nueva York implicaría tener dificultades en la relación. Por otro lado, los matrimonios han sobrevivido este tipo de distancia. Él pensó mucho en la situación, evaluando ambas partes del asunto. Pero al final, tomó una decisión y le dijo a mamá: «Si te vas, la relación se termina».

Realmente ella no quería escuchar eso. Cantar en la ópera era su sueño de toda la vida. No obstante, estaba muy enamorada de papá y quería pasar la vida con él. Quedó en una situación en la que, de cualquier manera, perdería algo importante para ella. Sopesó las alternativas y al final decidió no irse a Nueva York. Ahora, con más de cincuenta años de matrimonio, ella acepta que papá hizo una buena jugada. Le costó mucho, pero no se arrepiente.

En aquel entonces papá no sabía si eso resultaría ser una jugada buena o no.

No tenía mucho tiempo para descubrirlo. Ella se iría en una fecha determinada y él tenía que decidir si actuaba o si dejaba que las cosas siguieran el curso que llevaban. Si él la obligaba a tomar una decisión, se arriesgaba a perderla para siempre. Si no hacía nada, se arriesgaba a perderla por la distancia. No hacer nada era escoger algo. Así que reflexionó tanto como pudo y luego se arriesgó. Decidió actuar.

Hay tiempo de pensar, deliberar, analizar y orar. Y luego hay tiempo de actuar.

Cuando estés considerando un gran riesgo, piénsalo bien. Consigue toda la información, perspectiva y sabiduría que puedas. Entiende la naturaleza, los beneficios y el costo. Jesús enseñó este principio en una metáfora sobre la construcción: «Supongamos que alguno de ustedes quiere construir una torre. ¿Acaso no se sienta primero a calcular el costo, para ver si tiene suficiente dinero para terminarla?» (Lucas 14:28). Este es un paso necesario. La gente exitosa puede arriesgarse, pero no igualan el riesgo a la impulsividad.

Al mismo tiempo, sin embargo, el paso de pensar debe terminar y dar paso al riesgo. Mi papá solo tenía un margen de tiempo o habría perdido su oportunidad. Tenemos la tendencia de querer todas las respuestas antes de lanzarnos al agua: ¿Me aguantará? ¿Estará demasiado fría? ¿Cuán profundo es? Cuando Pedro decidió dejar el barco y encontrarse con Jesús en el agua, no tenía un grupo de enfoque que le dijera cómo salir. Tenemos un término para la exigencia de tener toda la información antes de actuar: lo llamamos parálisis del análisis. Las personas a menudo se obsesionan y se preocupan, tratando de manejar los riesgos al punto de que la puerta abierta se cerrará. Así no es como funcionan el expandirse, correr riesgos o la fe. En algún momento tienes que usar tu propio discernimiento y tomar una decisión. Hazlo. Eso es lo único que uno puedes hacer.

Finalmente, cuando te arriesgues, hazlo hasta el final. Si no puedes correr de lleno el riesgo, sería mejor dejarlo pasar que hacerlo a medias. Si realmente no puedes lanzarte al riesgo y llegar hasta el final, entonces experimentarás el dolor del riesgo pero nunca sus beneficios. Correr riesgos a medias te entrena para creer que este proceso no funciona. Es mucho mejor dar el salto sabiendo que obtendrás lo que quieres o que diste lo mejor de ti y que puedes aprender de tu fracaso.

El año pasado di un paseo por aguas rápidas en una balsa con mis hijos junto con otro padre y su hijo. Durante un descanso del río escalamos un cañón donde encontramos una piscina de agua natural. Sobre el borde de la piscina se extendía una formación rocosa, lo que creaba una plataforma de clavado natural. Todos se turnaron para dar el salto, excepto el hijo de mi amigo que no tenía experiencia en saltos desde alturas. Era un gran atleta pero nunca había tenido la oportunidad de probar algo así. No obstante, se subió a la cima de la formación. Caminó hasta el borde y miró hacia abajo. Se echó hacia atrás unos centímetros y luego caminó otra vez hacia delante. Luego lo hizo otra vez y otra vez. A estas alturas los demás sabíamos que se estaba esforzando. Le gritamos para darle ánimo y también le gritamos que estaba bien si no saltaba. Realmente queríamos apoyarlo. Una y otra vez caminó hasta el borde y regresó. Yo no imaginaba cómo acabaría esto y realmente me sentía mal por él y por el aprieto que estaba pasando. Estaba tratando de ser valiente, pero su temor era muy fuerte. Por fin se armó de valor, dio el salto y cayó en el agua. Todos aplaudimos y aclamamos su éxito porque sabíamos lo que dar ese salto había significado para él.

Cuando estés listo para dejar de pensar y comenzar a correr riesgos, entonces no hay marcha atrás. No puedes cambiar de rumbo en el aire. Piensa donde estés ahora. ¿Qué riesgos tienes delante de ti que te ayudarán a alcanzar tu sueño? ¿Necesitarás renunciar a las noches libres para obtener preparación? ¿O ir donde la persona con quien estás saliendo y decirle que no puedes salir más con él/ella si no cambia su mala actitud? ¿O dejar un trabajo y comenzar a buscar el adecuado? ¿O reconocer ante alguien que tienes una adicción que temes que pueda estar ganando el control de tu vida?

La buena noticia es que uno de esos lugares a donde Dios le encanta encontrarse con nosotros es en el aire. Él sabe cuánto miedo nos da el riesgo. Y él sabe que el conocimiento de su presencia, su apoyo y su gracia es lo que más necesitamos en esos momentos en que estamos suspendidos por encima de la tierra:

> *Así que no temas, porque yo estoy contigo;*
> *no te angusties, porque yo soy tu Dios.*
> *Te fortaleceré y te ayudaré;*
> *te sostendré con mi diestra victoriosa.*
>
> (Isaías 41:10)

Bienaventurado cuando te expandes y arriesgas para buscar tus sueños. Él está de tu parte.

5

Puedes relacionarte

5

*El talento gana juegos, pero el trabajo en equipo
y la inteligencia ganan campeonatos.*
MICHAEL JORDAN

Kevin, un amigo mío (John), tiene muchísimo éxito en la industria de la construcción. Está en la cima de su campo y gana bastante dinero. Al mismo tiempo, es una persona de mucha profundidad y compromiso espiritual que contribuye con generosidad a muchas causas.

Sin embargo, de vez en cuando Kevin recibe críticas de la gente en su industria que no lo conocen personalmente. Unas pocas personas, en especial los competidores, a veces les dicen a otros que él no juega en equipo y que hace las cosas demasiado por su cuenta. Un día le pregunté al respecto.

—¿Atribuyes tu éxito a ser un solitario, que sales adelante sin ayuda de nadie y cosas así?

Él pensó durante un instante.

—La mayoría de las veces descubro que la percepción de que soy un solitario proviene de personas que no me conocen bien. Es verdad que puedo ser terco, y que también me aferro mucho a mis opiniones acerca de mi trabajo, tal vez hasta el extremo. Quizá de ahí me viene la fama. Pero cualquier triunfo que tenga no proviene de ser un solitario, al contrario.

—¿Qué quieres decir?

—Bueno, he formado mi vida alrededor de personas que en distintas formas me han ayudado a triunfar. Estoy en un grupo de crecimiento espiritual personal donde me aceptan, me apoyan y me animan a ser una persona mejor. Tengo algunos colegas profesionales de quienes obtengo visión en nuestra industria. Tengo un equipo administrativo y de apoyo que llena los vacíos de mis propias habilidades. Trabajan tras bastidores, pero me hacen quedar bien. Tengo un mentor que me guía en el panorama general de mi camino. Mi esposa es mi confidente y ha hecho más sugerencias de las que pudiera contar, lo cual ha contribuido inmensamente a mi crecimiento profesional.

Kevin terminó con una pregunta retórica:

—¿Acaso es así como funcionan los llaneros solitarios?

Kevin nos da la clave de cómo funciona y prospera cada persona que realmente tiene éxito. No lo hacen aislados del resto del mundo. No salen adelante por sí solos. Aunque son muy independientes y sí tienen sus propios valores y opiniones, se relacionan estrechamente con el mundo exterior, donde uno encuentra los recursos para el éxito.

Si tú escoges ser un solitario o insistes en existir independientemente de otros, quedándote aislado y siendo autosuficiente, tu fracaso para alcanzar tus sueños y metas no puede atribuirse a más nadie que a ti. Será tu propia culpa.

El ecosistema del éxito

Si quieres ir a la delantera y alcanzar éxito profesional y en las relaciones, necesitas comprender que el éxito funciona muy similar a un ecosistema:

Ecosistema es un término de biología que describe una comunidad de organismos que interactúan y también su ambiente. Un ejemplo sencillo de un ecosistema es una jungla. En la jungla el sol proporciona energía para sostener las plantas que sirven de alimento a animales herbívoros, que a su vez alimentan a animales carnívoros y todos los animales ayudan a fertilizar las plantas. Cada componente interactúa de alguna manera con el otro. La jungla no es una sola cosa, es un sistema y solo funciona con éxito porque es un sistema.

La gente exitosa comprende que fuimos diseñados para funcionar de manera similar. Funcionamos al máximo cuando trabajamos y establecemos vínculos dentro de nuestro propio ecosistema. Dentro de nuestro ambiente Dios ha creado recursos con los que debemos interactuar y de los que debemos recibir o acabaremos por fracasar. Aquellos que logran los deseos de su corazón se apoyan en sus ecosistemas y se relacionan con los recursos que necesitan.

Es realmente un absurdo pensar que el hombre (o la mujer) se ha formado mediante sus propios esfuerzos. Tal vez él piense que lo ha hecho por sí solo, pero si miras bajo la superficie, siempre encontrarás que le debe mucho a otros recursos en su vida de los que quizá no esté consciente.

Algunas personas se resisten a la idea de depender de sus relaciones con otros. No quieren dar apariencia de debilidad, necesidad o de estar incompletos. Igualan la dependencia de los demás a la niñería y esto está en conflicto con su punto de vista de lo que debe ser un adulto. O puede ser que les preocupe que las relaciones los pongan a merced de gente inescrupulosa que pudieran detenerlos. Algunas personas son sencillamente demasiado orgullosas como para inclinarse ante la dependencia. O algunas idealizan a los héroes imaginarios de nuestra cultura como los personajes de Tom Cruise y Bruce Willis en sus caracteres respectivos en *Misión Imposible* y *Duro de matar*. Nuestra necesidad de relación es, en el fondo, un asunto y una realidad espiritual. Dios nos diseñó para que nos vaya mejor en la vida cuando estamos relacionados con las personas correctas y con las cosas correctas. Simplemente no salimos adelante cuando estamos desconectados de esas personas y de esas cosas. Cuando observas el espléndido diseño de la creación, ves que desde el comienzo Dios tuvo la intención de que interactuáramos, que extendiéramos las manos y que nos relacionáramos en toda clase de formas. Estas fueron sus instrucciones para Adán y Eva al principio de los tiempos:

> Y los bendijo con estas palabras: «Sean fructíferos y multiplíquense; llenen la tierra y sométanla; dominen a los peces del mar y a las aves del cielo, y a todos los reptiles que se arrastran por el suelo.» También les dijo: «Yo les doy de la tierra todas las plantas que producen semilla y todos los árboles que dan fruto con semilla; todo esto les servirá de alimento. Y doy la hierba verde como alimento a todas las fieras de la tierra, a todas las aves del cielo y a todos los seres vivientes que se arrastran por la tierra.» Y así sucedió. Dios miró todo lo que había hecho, y consideró que era muy bueno (Génesis 1:28-31).

La primera pareja humana tenía a Dios, se tenían el uno al otro y tenían un mundo de recursos de los que estaban a cargo. Ese mundo se les dio para beneficio y sustento de ellos y a cambio les encargaron que lo cuidaran bien. El plan nunca fue que buscáramos muy dentro de nosotros para encontrar la fuerza que necesitamos y la fuerza de voluntad para abrirnos camino a la felicidad y el éxito. Los recursos de la vida siempre han estado fuera de nosotros, no dentro.

Hace poco tuve que tomar una decisión de negocios que tendría un largo alcance. Esta implicaba el sentido de mi propia misión en la vida, mi enfoque, mi dirección y qué sería necesario para llevarme adonde yo quería ir. También era un asunto muy complejo y cualquier decisión que yo tomara cambiaría las cosas para mí de una manera bastante radical. Así que realmente yo quería tomar el camino correcto. Tomar el rumbo equivocado sería costoso: en lo profesional, lo financiero y lo personal.

Lo pensé mucho y varias veces. De hecho, dentro de mí, en realidad yo quería que Dios tomara esta decisión por mí. Yo buscaba una señal, un milagro, una voz en la noche, una zarza ardiente, no importaba siempre que fuera una señal clara de parte de Dios. La realidad era que no quería hacerme responsable de las consecuencias de mi decisión. No me gustaba la idea de que la decisión equivocada fuera culpa mía. Quería culpar a Dios, y no a mí, si algo salía mal. Quería que él hiciera ambas cosas, su trabajo y el mío al determinar el curso a seguir.

Un día, durante este período, yo estaba leyendo mi Biblia y pidiéndole que me mostrara qué hacer. «Haré lo que digas», le dije, «solo házmelo claro». Yo era sincero. El pasaje de las Escrituras en mi plan de lecturas diarias para ese día estaba en el libro de la sabiduría, Proverbios. Pensé, *un pasaje de sabiduría. Esto está bueno. Leeré aquí la solución sabia y me pondré en marcha.* Así que leí: «Dejen su insensatez, y vivirán; andarán por el camino del discernimiento» (Proverbios 9:6).

No podía creerlo. Volví a leer el pasaje. Decía lo mismo. Realmente no me gustó lo que veía. No pensaba que sencillamente Dios me tiraría la decisión y me la dejaría en mis manos. No obstante, el pasaje parecía estar diciendo algo así y sin dudas no era lo que yo quería escuchar. Pero al pensar más en el asunto, comencé a darme cuenta de lo que estaba leyendo.

Yo tenía que dejar atrás mi insensatez, había estado pensando de manera simplista que Dios me diría qué hacer en forma directa. Y a veces él lo hace. Pero no siempre. En esta oportunidad yo no debía pedir que la respuesta viniera fácil, directamente de Dios. *Yo tenía que empezar a vivir:* En la Biblia la vida siempre implica vincularse a una relación. Cuando estamos desconectados de Dios y de los demás, nos separamos de la vida y de lo que es más importante. Realmente yo me estaba relacionando con él, pero no con las personas, lo cual es una parte importante de la vida espiritual. *Tenía que aprender a usar el discernimiento:* Yo no quería hacer ninguna evaluación ni análisis del problema. Era demasiado complicado y abrumador, con demasiadas variables. Yo solo quería palabras de fuego escritas en la pared que me dijeran qué hacer exactamente.

Hasta donde podía entender, el mensaje para mí era este: tenía que dejar de pedirle a Dios que tomara la decisión por mí, y en cambio, usar los recursos que él ya había puesto en mi ambiente para descubrir la respuesta. Así que ese día pasé una hora o dos pensando, analizando y llamando a dos de mis amigos más íntimos, quienes pasaron bastante tiempo conmigo desglosando las complejidades del asunto. Pronto comenzaron a surgir un patrón y un camino de todo el caos en mi mente. Al hacer uso de todo lo que había recogido de la oración, los consejos y el uso de mi mejor discernimiento, determiné lo que a mi parecer era el mejor camino a seguir. Todos los recursos parecían corresponderse y me parecían consecuentes. Así que escogí mi camino y este terminó siendo la decisión correcta.

El verdadero avance sucedió cuando traté los asuntos con mis amigos e interactué con sus perspectivas. Las cosas comenzaron a moverse cuando yo entré en el ecosistema.

Todo esto es para decir que el éxito se produce cuando nos sometemos a la manera en que Dios diseñó las cosas y nos aprovechamos del ecosistema en que estamos. Cuando lo hacemos, nos movemos con la corriente de la realidad, no vamos remando en su contra de manera desesperada. Lo que aprendí es lo siguiente: tendrás éxito en tus sueños en la medida en que te relaciones con el mundo exterior. Las relaciones son así de importantes.

ENCUENTRA EL COMBUSTIBLE

Las relaciones son el combustible que proporcionan el impulso y la energía que necesitas para llegar a tu destino, ya sea que se trate de resolver un problema de relaciones, encontrar la profesión de tus sueños, edificar un matrimonio saludable o conquistar un hábito problemático. Necesitas saber dónde está el combustible y cómo llevarlo a tu tanque.

La gente exitosa no solo se vuelve a una fuente sino a varias para encontrar las relaciones que necesitan. Tu viaje estará lleno de muchos desafíos diferentes y una fuente de conexión no será adecuada para satisfacerlos todos.

Cada relación suplirá uno de los combustibles que necesitas para esa faceta en particular del camino. En las próximas páginas presentaremos y trataremos algunas de las fuentes principales para los combustibles que necesitarás.

Fuente de combustible No. 1: Dios

Aunque parece obvio, Dios es la relación que más necesitamos para alcanzar el éxito. Es importante no pensar en esta necesidad como una idea religiosa abstracta, como cuando la gente dice: «La religión es buena para la gente, les da paz y les ayuda a resolver sus problemas». La verdad es mucho más grande que eso. Es bueno para nosotros confiar y creer en Dios, no porque esto ayude a bajarnos la presión sanguínea o nos calme o mejore nuestra salud mental. ¡El ejercicio y llevar un diario pueden hacer eso!

Relacionarnos con Dios es establecer una relación de manera muy real, profunda y al mismo tiempo práctica con la misma realidad. Él es el autor de la realidad. Como creador y diseñador de la manera en que la vida debiera funcionar, él capacita, guía y apoya nuestros esfuerzos para tener una mejor vida y mejores relaciones. Dios está tanto en el trasfondo como en el primer plano de estos asuntos.

Por lo tanto, buscar la ayuda de Dios para nuestro peregrinaje al éxito es algo más allá de un mero paso bueno y práctico. Es un paso necesario y crucial. El éxito no se produce fuera de él. Lo necesitamos a él, necesitamos su ayuda y sin su dirección y su mano es imposible salir de una mala situación para una mejor.

En los tiempos antiguos, cuando Israel era un reino, sus líderes permanecían relacionados y dependientes de Dios para tener éxito y alcanzar sus sueños y los de la nación. Sin embargo, con los años, estos líderes comenzaron a desconectarse, comenzaron a tomar su propio camino y a apoyarse en sí mismos. Aunque continuamente Dios los invitaba a volver a depender de él, ellos escuchaban a los falsos profetas y la mayoría de las veces se alejaban de la relación. Como resultado, el reino se deterioró con el tiempo y al final quedó destruido. Durante muchos años despojaron al pueblo de Israel de su propia tierra. Durante los últimos días del reino, cuando los invasores atacaron la nación, uno de sus profetas, llamado Isaías, habló al pueblo palabra de Dios.

Durante el crepúsculo de la nación los líderes en Jerusalén, la capital, estaban tratando de defenderse y fortificarse contra la inminente agresión enemiga. Querían asegurarse de tener agua suficiente para soportar un estado de sitio. ¡Cualquiera diría que esta era una tarea importante para resolver los problemas y lograr el éxito! Pero la respuesta de Dios no era alentadora: «entre los dos muros construyeron un depósito para las aguas del estanque antiguo, pero no se fijaron en quien lo hizo, ni consideraron al que hace tiempo lo planeó» (Isaías 22:11).

Aquellas palabras estaban dirigidas a Israel, pero la verdad que encierran es eterna y todavía tiene gran valor para nosotros en el contexto actual. No dejes que este pasaje te lleve al asunto de lo que importa: la voluntad de Dios o nuestros esfuerzos. El aspecto relevante para tu éxito es que sin dudas tiene sentido trabajar arduamente para lograr tus planes, pero tiene igual sentido pedir la ayuda de Dios. Su naturaleza es ayudar y guiar a su pueblo. Él es el fundamento de cualquier sueño que quieras lograr.

Revisa con Dios todos los aspectos de tus esfuerzos para tener una vida mejor. Cuéntale que tienes un deseo, un sueño, una pasión por construir una empresa o encontrar una relación o comenzar un ministerio con personas que lo necesitan, o sanar una relación dañada. Preséntale ese deseo, pregúntale si viene de él y si encaja en su plan para ti. Su confirmación es un aspecto de la conexión, pero hay más. Ve más allá y pídele que no solo confirme tu sueño sino que además te dé la fortaleza, la dirección y la sabiduría para lograrlo. Pídele que abra puertas, que cambie la mente de las personas y que te dé oportunidades e ideas que nunca antes has tenido. Él participa en nuestro éxito si este se origina en él y fomenta su reino y sus valores. Cuando estás conectado a él en tu sueño puedes «[deleitarte] en el Señor, y él te concederá los deseos de tu corazón» (Salmos 37:4). El deseo que sientes dentro de ti se originó en él.

Dios es la fuente de todo tu combustible de relación. Pero, como en mi ejemplo anterior, él se relaciona con nosotros tanto de manera directa como indirecta. No solo vamos a él sino también a las relaciones que él pone en nuestro ambiente, nuestro ecosistema. Veamos algunos de esos tipos indirectos de combustible de relación que Dios envía que pueden lanzarte a tus metas.

Fuente de combustible No. 2: Relaciones que guardan tu vida

La gente que escapa de una cultura de culpa y entra al mundo del éxito se crea un equipo a su alrededor. Ellos entienden que todos necesitamos unas pocas personas a nuestro alrededor que estén de nuestro lado. Este equipo está compuesto por personas que están contigo y a tu favor. Están dispuestas a involucrarse en tu vida, a ayudar a cuidarla y protegerla. Tienen el tiempo y el compromiso de andar contigo cada paso del camino. Son aquellas a quienes te vuelves cuando te sientes enloquecer, estás desanimado o te sientes como un fracasado total. En un sentido son como familia, el «hogar» relacional al que vas en busca de ayuda, apoyo y aliento. Como dice el refrán cuando los amigos se apoyan unos a otros: «Yo cubriré tus espaldas».

Estas relaciones tienen un propósito en particular. No son personas a quienes vas en busca de información específica, técnica o especializada. Ellos facilitan un fundamento de seguridad, ratificación, opinión, ánimo. Las relaciones basadas en la información también son importantes, pues fundamentalmente protegen tu sueño. En la próxima sección te mostraremos de qué tratan las mismas.

No necesitas muchas personas en tu equipo de relaciones; de hecho, una gran cantidad realmente no funciona. Toma mucho tiempo desarrollar relaciones en las que las personas se conozcan bien y en las que haya profunda confianza. La calidad es mucho más importante que la cantidad. Al escoger tu equipo, no hagas que el primer requisito sea una fácil disponibilidad. Mi experiencia es que las personas que tienen todo el tiempo del mundo por alguna razón no tienen mucha demanda. Las personas que tienen algo que ofrecerte es probable que también lo estén ofreciendo a otras personas y puede que tengas que apartar tiempo para relacionarte con ellos.

Si quieres realizar tus sueños, es muy probable que necesites dar cierta estructura a estas relaciones. Por ejemplo, llevo muchos años en un grupo de apoyo y crecimiento personal. Las relaciones en ese grupo comenzaron como amistades informales que implicaban almuerzos y salidas ocasionales. Sin embargo, poco a poco todos notamos una simpatía de valores, rumbos y estilos de personalidad. Tenemos personalidades muy diferentes, pero eso hace que sea interesante. Todo esto sucedió antes de que el fenómeno de los grupos pequeños surgiera en el mundo de la iglesia, así que yo no estaba pensando en ese sentido en lo absoluto. Pero comencé a percatarme de que cada vez yo buscaba más y más a estas personas para recibir apoyo y consejo. Cuando tenía una visión o un problema, los llamaba a ellos primero. Cuando quería hacer alguna actividad social, ellos estaban en mi mente. Y lo mismo ocurría con ellos. Nos buscábamos los unos a los otros para darnos ánimo, apoyo y participación social. En algún momento comencé a darme cuenta de que podría ser útil reunirnos de alguna manera habitual. Nos percatamos de que necesitábamos continuidad y estructura en nuestras relaciones sociales, así que decidimos formar un grupo y comenzar a reunirnos para darnos apoyo, orar y tener crecimiento personal.

Ahora no puedo imaginarme la vida sin estas personas. Hemos pasado juntos prácticamente por todo, incluyendo cosas de la crianza de los hijos, asuntos del matrimonio, el estrés de la vida, asuntos profesionales, fracasos, luchas personales y búsquedas espirituales. Nos conocemos muy bien y tenemos muy pocos, si es que algún, secreto. Cuando el trabajo o los viajes me hacen perder las reuniones, me veo deseando tener su apoyo y opinión. La vida es mejor con estos amigos, y no es igual sin ellos.

En términos de sueños y triunfos, este grupo ha sido crucial para sus miembros. Conocemos las metas y pasiones de cada uno y nos mantenemos al día con las mismas. Además, nos aseguramos de relacionarnos aparte de las metas. Es importante relacionarse con el corazón y más allá de los sueños y no solo por estos. Eso es lo que necesitas que haga tu equipo. Necesitan saber la vida que llevas, tu origen, tu carácter y tus debilidades. Si no es así, este realmente no puede alimentar tu progreso en pro de tus metas.

Este es un punto importante. Necesitas llevar todo tu ser al equipo, no solo tu idea de adónde quieres llegar. Concentrarte en tus metas sin cuidar de ti mismo es como intentar hacer que tu programa de correo electrónico funcione mejor cuando tu sistema operativo está roto. Con las computadoras el sistema operativo siempre supera a la aplicación. Todo se detiene hasta que el sistema operativo está funcionando porque este es la arquitectura que sustenta todo lo demás. No quieres poner obstáculos al apoyo de tu equipo al descuidar ser vulnerable, abierto y honesto con relación a quién eres y qué necesitas realmente.

Así que construye tu equipo y escoge bien sus miembros. Busca personas a quienes tú les intereses. Que tengan valores similares. Que sean personas relacionales, que no sean sentenciosas pero al mismo tiempo directas y honestas contigo. Y quienes estén disponibles de manera habitual. Lo ideal es encontrar aquellos que quieran de ti el mismo apoyo que tú quieres de ellos. Entonces todo el mundo en el equipo recibe un beneficio mutuo. Aprenden tanto a recibir como a dar los unos a los otros. Esto fomenta un sentimiento cálido y familiar que te rodeará en muchas noches oscuras en tu viaje hacia encontrar tus metas. La gente idónea existe. Quizá también estén buscándote a ti y cuando se encuentren podrán lograr sus metas juntos. Sean guardianes los unos de las vidas, corazones y almas de los otros.

Fuente de combustible No. 3: Relaciones que guardan tu sueño

Sirvo en las juntas de algunas organizaciones sin fines de lucro en cuyas misiones creo. En una reunión reciente de una de esas juntas, algunos de los líderes estaban debatiendo si cambiar el enfoque de la organización de servir a la población que era su destinatario original a un grupo demográfico diferente. Ningún grupo era más meritorio que el otro; era más bien cuestión de evaluar el interés de la junta y la estructura e idoneidad de la organización para sus beneficiarios.

Me sorprendió cuando uno de los miembros de la junta habló y dijo: «Esta organización fue creada para servir a la población que está sirviendo en este momento. Todos firmamos como miembros de la junta porque sentimos la necesidad de ayudar a este tipo de personas. Si cambiamos el enfoque, ya no estaremos sirviendo al grupo por el cual yo me responsabilicé servir y entonces renunciaré. Encontraré una organización que ayude al grupo que yo quiero ayudar». Lo primero que pensé fue: No se trata de ti y de lo que tú quieras, sino de la organización. Me dio la impresión de que realmente él no estaba interesado en servir, sino más bien en imponer sus propósitos. Pero luego, mientras más lo escuchaba, más comprendía que tenía razón. Y yo estuve de acuerdo con él. Lo que nos atrajo a ayudar fue que sentimos algo dentro y teníamos una inversión personal en aquel grupo de personas con necesidad. Nos sentimos llamados a esto y queríamos ayudar a la organización a lograr su misión porque esta encajaba con nuestro llamamiento.

Los comentarios de este hombre ayudaron a volver a enfocar la misión original de la organización. En pocas palabras, él actuó como guardián del sueño. Las cosas podrían haber sido diferentes. Todos podíamos haber acordado que nuestras pasiones y sueños habían cambiado. O nos podíamos haber marchado y buscado otro lugar donde servir. Esas opciones no hubieran sido malas, pero en esta situación mantuvimos nuestro enfoque original y se hizo lo correcto para todos.

Tú eres el guardián de tu sueño. Es solo tuyo y tú esperas que haya sido Dios quien lo hizo nacer dentro de ti. Su destino es crecer y dar un fruto bueno y duradero. Pero aunque es tu propio sueño, no debes cuidarlo solo. Necesitas personas que estén a tu lado y que se unan a ti para proteger y desarrollar ese sueño. Las relaciones que necesitas encontrar son personas que se concentrarán de manera específica en ayudarte a lograr tus metas. Mientras que tu equipo de apoyo está cuidando tu vida, este equipo guardián trata de llevarte al éxito que deseas. Eso no significa que no pueda existir una superposición entre ambos. Las relaciones del corazón y las relaciones de metas pueden ser las mismas, pero lograr el éxito por lo general requiere personas y equipos y cada uno de estos está dedicado de manera deliberada a una sola de tus tareas.

Al escoger a los que servirán como guardianes de tu sueño, los siguientes son los dos tipos de personas más importantes que necesitas buscar.

Personas de tu esfera de interés. Busca personas que tengan experiencia e intereses en tu esfera específica. Si tu deseo es dedicarte a una carrera de artes gráficas, entonces habla con personas que se dirijan en la misma dirección. Pregunta a amigos que ellos tengan. Busca personas en la Internet. Llama a empresas que se dediquen a las artes gráficas y pregúntales si tienen personas o grupos con los que puedas interactuar. Si tu meta es más personal, por ejemplo, aprender cómo lidiar con las luchas emocionales, el proceso es el mismo. Llama a iglesias, centros de consejería y escuelas donde hay personas que tienen experiencias en estas esferas. Reúnete con ellos y comienza a hacerles preguntas. Ya sea que se trate de una profesión o de un problema, las personas en las mismas áreas de interés tienen mucho conocimiento sobre lo que quieres hacer. Pueden darte información, atajos y presentarte a otras personas que pueden ayudar.

Instructores y mentores. En los últimos años esta esfera se ha convertido en su propia industria y con una buena razón. Los instructores y mentores tienen tremenda experiencia y capacidad en su esfera de especialización. Pero es igual de importante que ellos sepan enseñar, guiar y capacitar a otros en esas esferas. Invertir en una relación de instrucción es obtener experiencia de crecimiento centrada que esté diseñada para tu situación personal. Es muy intensa y proporciona un buen dividendo a la inversión y puede representar un salto grande para ti.

Mi amigo Jim es un hombre que sin lugar a dudas no vive para su trabajo. Él trabaja para pagar su hobby de montar bicicleta. Él se toma muy en serio el deporte, tiene varias bicicletas para terrenos diferentes, se entrena durante horas semanales y en los fines de semana compite en carreras (de 160 kilómetros). Este hombre está loco por su hobby.

Hace poco Jim quería pasar al próximo nivel de habilidad y para hacerlo, él sabía que necesitaba un entrenador. Investigó un poco y encontró la persona perfecta. Era una antigua ciclista olímpica y se especializaba en trabajar con gente como Jim, ciclistas buenos que querían ser mejores. El único problema era que esta persona perfecta vivía en otro estado. Sin embargo, Jim descubrió que mediante la Internet y llamadas telefónicas ella entrena a personas del mundo entero. Se matriculó y, luego de que ella conociera su trasfondo y sus metas, le dio un cronograma de entrenamiento, un régimen para su forma física y una dieta diseñada específicamente para él. Él trabajó con el programa. En unos meses Jim estaba batiendo su propio récord y seguía mejorando a una velocidad significativa. Nunca ha conocido a su entrenadora en persona ni cree que alguna vez lo hará.

Esa es una de las diferencias entre aquellos que guardan tu vida y los que guardan tu sueño. El equipo de apoyo «que guarda tu vida» realmente necesita estar cara a cara para el contacto personal, a menos que estés en una situación remota y sencillamente no sea posible. El equipo técnico o el quipo que «guarda tu sueño» (compañeros, entrenadores y mentores) debiera estar cara a cara en el sentido ideal pero no es tan importante. Más importantes son los aspectos como su conocimiento, experiencia, capacidad y habilidad para transmitir la información.

Otras fuentes de combustible que necesitarás

La conexión no siempre es cuestión de relaciones. También es cuestión de recursos que te ayudarán a alcanzar tu meta, algunos de los cuales las personas los proveen y otros los puedes obtener de otra manera. Necesitas conectarse con el mundo exterior de la información y los recursos que se relacionen con tu meta. La idea es la misma que en tus recursos de personas: *aquellos que llevan la delantera saben que no tienen todo lo que necesitan en sí mismos. Buscan ayuda más allá de sí mismos para lo que necesitan*. A continuación mencionamos los tipos principales de recursos externos que tienes que buscar:

Información. Para lograr tu sueño necesitas saber muchas cosas. Sé lo suficientemente humilde como para reconocer tu falta de conocimiento. Solo los tontos fingen saber cosas que no saben y acaban con menos conocimientos que cualquiera. Durante siglos las personas han logrado sueños y han acumulado una cantidad increíble de información valiosa a lo largo del camino.

Si quieres tener un cuerpo delgado y atlético, obtén información sobre dietas y ejercicios. Conviértete en un experto en el campo. Si quieres dirigir la empresa, lee libros sobre cómo otros lo han logrado. Si quieres el mejor matrimonio del mundo, estudia a los mejores pensadores y autores sobre la materia. Conviértete en un adicto a la información. A tu disposición hay toneladas de información sobre cualquier materia imaginable que solo esperan que las exploten. Puedes encontrarla en bibliotecas, en la Web, en programas de computadoras, en audio, en video, en CD, en DVD y en un montón de fuentes más. La información que necesitas está disponible. Si no te beneficias de ella no es culpa de más nadie que tuya.

Hace varios años leí en una revista un artículo que presentaba unas entrevistas a dos de los mejores guitarristas del mundo. Uno de estos virtuosos mencionaba una y otra vez cómo él estudiaba las técnicas y el talento artístico de otros y cuánto aprendía de ellos, incluso de personas que decían que él era un modelo para ellas. El otro guitarrista pasó mucho tiempo hablando de que él era único, con su propio estilo y que realmente no obtuvo mucho de otros músicos porque él solo escuchaba su propia musa. El contraste era sorprendente. Lo interesante es que ahora, varios años después de esa entrevista, uno todavía oye hablar de las contribuciones y canciones del primer guitarrista mientras que el otro ha desaparecido de la pantalla del radar.

No hay que reinventar la rueda. Hay un tesoro oculto de información acerca de lo que tú necesitas aprender.

Capacitación y experiencia. La información y el conocimiento son un buen comienzo, pero no son suficientes. Las personas que alcanzan sus metas se vuelven hábiles y experimentadas en la esfera de sus sueños. Existe solo una manera de que esto ocurra y eso es mediante la capacitación. La capacitación da uso a la información en tu mente y en tu vida. No te detengas con el conocimiento en tu cabeza.

A veces las personas evitan el proceso de entrenamiento y de adquirir experiencia porque requiere trabajo, tiempo y les obliga a admitir el fracaso. Pero no hay atajos ni sustitutos. Hay un refrán que dice: *El buen juicio viene de la experiencia, la experiencia viene de un mal juicio.* Cuando eras pequeño te tuviste que caer varias veces de la bicicleta, pero así aprendiste a montarla.

El entrenamiento puede ser formal o informal, dependiendo de tu contexto. Los entrenadores, mentores y las clases son los medios más estructurados y formales. La ventaja es que la estructura te garantiza ciertas experiencias en una cantidad de tiempo determinado. La instrucción informal puede incluir servir como mandadero voluntario para un entrenador cuyo deporte quieres aprender o ayudar a una organización que ofrece ayuda a los necesitados o pedir a un amigo en la industria de seguros si puedes acompañarlo un día para ver cómo es su mundo. Por lo general la instrucción informal es más idónea para descubrir si estás interesado en una esfera específica o no. Cuando eso se determine, puedes pasar a una experiencia más estructurada.

Tiempo y espacio. Muchas veces resulta más difícil relacionarse con este recurso que con ningún otro, pero tienes que hacerlo. Las personas no encuentran su propósito en la vida sobre la marcha ni en los momentos libres. *Alcanzar el éxito depende mucho del tiempo y el espacio que le dediques.* Y las excepciones en este principio son muy raras, tal vez como los ganadores de la lotería. La realidad es que la mayoría de las veces las personas que quieren tener una vida mejor ya están bastante ocupadas. Tienen trabajos, familias y obligaciones y todas esas son responsabilidades reales y considerables. Estas responsabilidades y relaciones consumen mucho tiempo y es difícil encontrar las horas extras que necesitas para hacer progresar tu sueño.

Pero puede hacerse. Todos los días personas con vidas llenas como tú se mueven paso a paso por un camino deliberado hacia grandes metas. Si otros pueden hacerlo, tú también. Aquí te damos algunos consejos que te ayudarán.

• Quita lo que sobre.

Haz un almanaque con los próximos treinta días de tu vida, ya sea en papel o en tu computadora. Anota todas las cosas esenciales de tu vida, así como las que no son esenciales pero que te mantienen en equilibrio, como las relaciones sociales y los pasatiempos. Luego examina todo el mes y evalúa lo que anotaste a la luz de su valor para ti cuando las comparas con tu sueño. A menudo encontrarás una cantidad de sobrantes que puedes quitar para dar más tiempo a la meta.

• Encarga a terceros.

¿Hay algo que estás haciendo que debieras dejar que otros hicieran? Quizá has estado liderando un comité durante muchos años y llegó el momento de renunciar. ¿Puedes llegar a un arreglo común con otros padres para que uno cuide los hijos de los otros una tarde a la semana? ¿Podría un alumno universitario darle clases privadas a tu hijo un par de noches a la semana? ¿Puede tu cónyuge ayudar más con las compras en el mercado?

A veces no dejamos las tareas que estamos haciendo sencillamente porque somos maniáticos del control. Pero la mayoría de las veces te sorprenderás al ver que si encargas una tarea a terceros, el mundo no se acaba. Lo que te mantenía encerrado era tu propia codependencia.

• Coloca el sueño en primer lugar

Cuando termines tu almanaque, déjalo a un lado y comienza con uno en blanco. En esta ocasión lo primero que debes anotar serán los espacios de tiempo que necesitas para lograr tu meta. Incluye cosas como espacios de tiempo para mentores, lectura, instrucción, etc. Luego acomoda tu vida alrededor de esos espacios de tiempo y mira a ver si funciona. A menudo las personas descubren que las cosas importantes se siguen haciendo. Eso es similar al principio de los ahorros financieros en los que, cuando pagas las cuentas cada mes, la primera persona a quien le pagas es a ti mismo (o, más específicamente, a tu medio de ahorros).

• Encuentra tu espacio.

Seguir adelante con tus metas requiere un espacio físico que sea solo tuyo, al menos por espacios de tiempos adecuados. Necesitas un lugar aislado en el que puedas pensar, soñar, orar y planear. Estas actividades no se hacen bien alrededor de los niños, el televisor, las áreas de trabajo o las actividades familiares. Si no hay ningún espacio aislado disponible, es posible que necesites decir a todos que vas a refugiarte en el cuarto durante un par de horas y que no quieres que te interrumpan. O quizá puedas ir a la oficina cuando no esté funcionando o incluso ir a la biblioteca. Dondequiera que sea, busca un lugar donde puedas concentrarte por completo en elaborar tu plan.

• Busca la ayuda de un amigo/a.

Muéstrale tu almanaque a alguien en quien confíes, alguien que maneje bien el tiempo y que comprenda la realidad. Pídele que te ayude a recortar el presupuesto del tiempo. Un amigo tiene más posibilidades de ser objetivo y capaz de ver las posibilidades con más claridad que tú y eso te ayudará a hacer la cirugía necesaria al presupuesto de tu tiempo.

Sistemas de retroalimentación. Las personas exitosas por lo general adoptan alguna manera de obtener información sobre cómo les va, examinar su progreso y ver en qué punto podrían estarse desviando o perdiendo el equilibrio. A esto se le denomina un sistema de retroalimentación. Los sistemas de retroalimentación pueden ahorrarte tiempo y esfuerzo, mantenerte enfocado o incluso mejorar la velocidad de tu progreso. Sin dudas que los entrenadores y amigos son parte de este chequeo y retroalimentación, pero también puedes establecer objetivos mensurables (ganancias, capacidad, pérdida de peso, cantidad de citas saludables al mes) y de forma periódica revisar tu progreso con relación a estas.

Por ejemplo, yo tengo en mi computadora una sencilla hoja de cálculo en Excel que tiene columnas para la fecha, mi peso, ejercicios, lo que como, mis horas de sueños y comentarios sobre el día. Requiere menos de un minuto cada noche ingresar lo que hice ese día. Esta pequeña hoja de cálculo es un sistema de retroalimentación para mi salud física. No solo sigue de cerca mi progreso sino que proporciona disciplina. Saber que la abriré cada día me da un poquito más de autocontrol. Como dice el refrán, lo que se vigila tiende a mejorar. Los sistemas de retroalimentación te ayudan a observarte en el alcance de tu sueño.

Como puedes ver, hay muchos recursos disponibles que se diseñaron para impulsarte al éxito. Las personas que quieren tener dominio propio siempre están en búsqueda de más recursos porque comprenden el valor de estos.

Como dijimos al comienzo de esta sección, necesitas encontrar el combustible. Y lo encuentras al relacionarte con las fuentes indicadas. Pero eso no es suficiente, encontrar el combustible solo es parte de la historia. El próximo paso es saber cómo quemar el combustible. Aprender a quemar el combustible de manera eficiente te llevará mucho más cerca de tu sueño. Si solo se queda en tu tanque, es un peso muerto. La próxima sección te ayudará a utilizar los recursos que encuentres.

Quema el combustible

He conocido muchas personas que no se diferencian de cualquiera que quiera una vida mejor. Son personas brillantes, talentosas y de buen corazón, pero a menudo no logran sus metas porque no saben cómo usar los recursos que tienen. Están conectados con las personas y lugares correctos, pero no obtienen los resultados que quieren. Puedes evitar este fracaso y maximizar tus recursos con las recomendaciones siguientes. Son sencillas, pero funcionan para las personas que van de camino al éxito.

Pide las opiniones de los guardianes de tu vida. Es muy posible que asumas que los guardianes de tu meta, aquellos expertos de quienes obtienes información especializada, sepan que necesitan darte opiniones útiles. Eso está integrado automáticamente en la razón por la cual vas a ellos. Pero con los amigos íntimos que son parte de tu sistema de retroalimentación, las cosas son diferentes. No cometas el error de asumir que ellos también saben que necesitas su opinión. Puede que piensen que lo único que quieres de ellos es su ánimo, aceptación y gracia. También puede que piensen que si quieres su opinión o algo específico, tú lo pedirás. A menudo tus amigos no quieren parecer demasiado críticos ni herir tus sentimientos, y no puedes culparlos por eso.

Pero no debes perderte la ayuda increíble y el valor que estas personas pueden proporcionarte. Los guardianes de tu vida, a diferencia de los guardianes de tu meta, pueden darte consejos, visión, ideas, correcciones y enfrentamientos que pueden, literalmente, marcar la diferencia en el mundo de tu meta.

Al crear un equipo de apoyo, asegúrate de darle permiso a cada persona para que te diga la verdad, no solo con amor y apoyo sino también con franqueza y claridad. Puede que al principio no piensen que hablas en serio. Así que cuando se aventuren y te digan algo como: «Bueno, me parece que gastas demasiado tiempo culpando a otros por tu falta de progreso», necesitas decir: «Gracias por esa corrección. ¿Pudieras mencionar otra?» Después que vean que no te enrollaste en posición fetal ni te pusiste a la defensiva ni asumiste el papel de víctima, comenzarán a decirte las realidades que pueden proteger y mejorar tu crecimiento. Eso es si ellos son las personas correctas para tu equipo.

Mantén los recursos separados de los resultados. Es inevitable que te apegues a las personas de quienes tú dependes, sin duda alguna a los guardianes de tu vida y a menudo también a los guardianes de tu sueño. Una sensación de conexión es un resultado natural cuando las personas, a través del tiempo, abren sus vidas a otras. Y eso es bueno. Sin embargo, ten en cuenta que no importa cuán valiosas sean estas personas para ti, el resultado final es responsabilidad tuya y no de ellos. Este es tu sueño y necesitas permanecer dueño del mismo. A menudo se presenta la tentación de dejar que el equipo comparta la carga. Es útil compartirla hasta cierto nivel pero el papel de ellos realmente es darte apoyo y ayudarte. Si tropiezas y caes, debes asumir la responsabilidad y reparar la situación. No es culpa de ellos que tú fracases. El resultado es tuyo.

Es algo así como la empresa que trata de ser tan demócrata que nadie tiene autoridad en absoluto. Parece idealmente equitativa y cooperativa hasta que se presenta un problema. Si nadie está a cargo, entonces nadie es responsable. «Todos somos responsables» no se presta a limpiar los regueros.

La frase del presidente Harry Truman «la responsabilidad es mía» define con precisión tu responsabilidad por tu sueño. Ese lema merita que lo adoptes como tuyo.

Sé agradecido, abierto y no estés a la defensiva. Todos los días agradécele a Dios las personas en tu vida que se han afiliado como voluntarios o profesionales para caminar contigo hacia tu sueño. Son un don tremendo. Mientras más aprecies sus contribuciones, mejor utilizarás la sabiduría y ayuda que te ofrezcan. Sé abierto a lo que te digan y nunca entres en luchas de poder con ellos. Prueba sus sugerencias, incluso si al principio no parecen tener sentido. Es lógico que cuestiones y desafíes, pero recuerda que probablemente necesites escuchar más a estas personas y hablar menos.

Cuando Jesús enseñaba, instruía y daba recursos a las personas, él decía muchas cosas que no tenían sentido para ellos o que les confrontaba en gran manera:

- Cuando Pedro quiso impedir la muerte de Jesús, Jesús le dijo: «Aléjate de mí, Satanás».[1]
- Les dijo a sus discípulos que la manera de salvar sus vidas era perdiéndolas.[2]
- Le dijo a Nicodemo que debía nacer dos veces, algo que lo confundió por completo.[3]
- Cuando la gente quiso saber cuándo vendría el reino de Dios, él les dijo que estaba dentro de ellos.[4]
- Cuando la gente quiso un milagro, él les dijo que construiría el templo en tres días, aunque no se estaba refiriendo a un templo literal.[5]
- Dijo que estar triste podía ser algo bueno para las personas.[6]

Sin embargo, las palabras de Jesús todavía producen esclarecimiento, visión y ayuda en todas las esferas de las vidas de las personas, si verdaderamente estas tienen oídos para oír. A las personas exitosas no les importa que sus mentores las dejen confundidas. Es solo otro paso en el camino del aprendizaje y el crecimiento. Disponte a recibir lo que escuchas de tus guardianes, incluso si al principio no te lo tragas muy bien.

Normaliza la complejidad y los puntos de vista diferentes. Una de las mejores maneras de quemar combustible de manera eficiente es normalizando o poniéndote cómodo con situaciones y respuestas complejas y con puntos de vista diferentes que obtengas de tus recursos. Necesitas la capacidad de no sentirte descarrilado o abrumado por los aspectos grises y la ambigüedad, porque así es la vida en realidad.

La mayoría de las metas y sueños significativos, y la mayoría de nuestros problemas más llenos de retos tienen diferentes niveles de complejidad y más de un método para tratarlos. Es tentador simplificar y buscar la única manera correcta o los tres pasos que te llevarán allá, pero esa es la manera en que un niño organiza el mundo. Los adultos no quieren digerir la realidad en una cápsula que se trague fácilmente, porque el proceso de reducción pudiera botar mucha de la información necesaria. Quieren la opinión o la perspectiva aunque el tema sea tan complejo que varias personas dando consejo pudieran no estar de acuerdo entre sí. Discernir entre opciones que compiten puede ser una de las experiencias más útiles que tendrás. Tener que tomar la decisión por ti mismo te ayudará a asumir la responsabilidad de tu curso, tu progreso y tu resultado.

Un amigo mío evaluó su situación financiera con relación al trabajo actual y se sintió desanimado al descubrir que si las cosas no cambiaban, no podría retirarse a la edad que tenía planeada. Comenzó a investigar para determinar el ingreso anual que necesitaba a partir de ese momento. Era más de lo que generaría su puesto actual pero a él le gustaba su trabajo y no quería dejarlo. Así que investigó maneras de complementar sus ingresos.

Al final encontró un negocio a tiempo parcial que no requeriría mucho de su tiempo porque generaba ingresos pasivos. (Un ejemplo de ingresos pasivos sería el interés en una cuenta de ahorros.) Sin embargo, antes de lanzarse, buscó a expertos en finanzas, gente exitosa en esa industria, gente de seguros y contabilidad y otras fuentes de información pertinentes. Los datos que obtuvo como resultado eran bastante complejos. Las recomendaciones de los expertos no coincidían unas con otras y trataban con varios niveles diferentes de su situación. Además, todas estas personas representaban industrias diferentes y usaban términos diferentes y casi idiomas diferentes. Durante un tiempo fue bastante confuso, pero él siguió en la escalera del aprendizaje y se comprometió a entender todas las opiniones. En breve comenzó a entender mejor lo que todos los expertos estaban diciendo y pudo seleccionar y escoger lo que necesitaba de sus opiniones. Ahora va muy bien encaminado a lograr sus objetivos financieros. Todavía consulta con sus expertos porque ahora sabe cómo utilizarlos de manera que promueva su propio sueño.

No tengas miedo de la complejidad ni de los consejos que estén en conflicto. Escucha, aprende y pronto podrás equiparte con la información y las experiencias que necesitas.

LAS RELACIONES TE DARÁN UN BUEN FRUTO

No es bueno estar solo, especialmente cuando estás extendiendo tu vida y trabajando arduamente para lograr una meta deseada. Necesitas relacionarte. Es mucho mejor extenderse y buscar las personas, la información y las experiencias que te capacitarán para dar el próximo paso y estar seguro de que es el paso correcto.

6

Puedes aprender a decir no

6

Cualquier cosa que requiera toda la atención vendrá
acompañada de una distracción cautivante.
ROBERT BLOCH

Una de las historias más inspiradoras de los últimos años es la del equipo Hoyt, la pareja atlética de padre e hijo, Dick y Rick Hoyt de Massachusetts.

Durante los últimos veinticinco años ambos han competido como equipo en más de doscientos triatlones y sesenta y cuatro maratones. En 1992, montaron bicicleta y corrieron de un lado a otro de los Estados Unidos durante cuarenta y cinco días consecutivos. Este es un récord asombroso en todo sentido. Sin embargo, lo que pone al equipo Hoyt en un nivel completamente diferente es el hecho que desde su nacimiento, Rick Hoyt ha sido un tetrapléjico espástico con parálisis cerebral y que además no puede hablar. La manera en que estos dos hombres han logrado lo que han logrado es una gran lección para todos aquellos que queremos alcanzar grandes metas y sueños en nuestras vidas.

Cuando Rick les nació a Dick y Judy Hoyt, el cordón umbilical se enrolló en su cuello, lo cual impidió que el oxígeno llegara a su cerebro. Los médicos les dijeron a los jóvenes padres que Rick estaría muy incapacitado intelectualmente durante toda su vida. Sin embargo, ellos no querían aceptar la noticia y decidieron criar a su hijo de manera tan normal como fuera posible. Comenzaron la vida familiar con esa actitud y a través de los años añadieron dos hijos más a la mezcla.

A medida que pasaba el tiempo Dick y Judy comenzaron a ver señales de que Rick era tan inteligente como sus hermanos. Las autoridades escolares no lo creían, así que se oponían a los esfuerzos de la familia para que aceptaran a

Rick en una escuela pública. Un grupo de ingenieros de la universidad Tufts conoció a Rick. Mientras interactuaban con él le hicieron un chiste y él se soltó una carcajada. Esto llevó a los ingenieros a creer que Rick podía entender conceptos y comunicarse. Eso los inspiró a crear una computadora interactiva que Rick utilizaría para comunicar sus ideas con movimientos de la cabeza. Una vez que Rick recibió entrenamiento con la computadora, quedó claro que tenía una inteligencia normal. A los trece años admitieron a Rick en una escuela pública.

Cuando Rick tenía quince años se planificó una carrera local de ocho kilómetros para recaudar fondos para un jugador local que se quedó paralítico en un accidente. Rick quería participar, así que Dick empujó a su hijo en la silla de ruedas en su primera carrera. Aunque fueron los penúltimos, Rick le dijo a su papá que cuando competían él no se sentía minusválido, sino normal. Esta experiencia fue tan positiva para ellos que comenzaron a participar en más carreras y a tener mejores y mejores tiempos. En 1981 terminaron su primer maratón en Boston entre los primeros veinticinco por ciento del campo.

Rick se graduó de la universidad de Boston y ahora trabaja en el Boston College, ayudando a desarrollar maneras en que una persona paralítica controle ayudas mecánicas como sillas de ruedas eléctricas con movimientos de los ojos. Y además de mantener su cronograma de carreras, el equipo Hoyt también realiza giras para dar conferencias de inspiración a audiencias de todo el país. Con los años, los dos han dado esperanza e inspiración a miles de personas.[1]

Ponte en el lugar de los Hoyt por un instante. Ellos tenían un sueño, igual que tú, que tiene el potencial de lograr mucho bien a muchos niveles. Imagina también los enormes obstáculos que enfrentaron y aprende de su determinación a decir *no* a esos obstáculos.

Por un lado, Dick trabajaba a tiempo completo y la pareja tenía tres hijos, así que no quedaba mucho tiempo ni dinero extra. Tenía que decir *no* a la idea de que su sueño no era posible. Otro obstáculo era el estado de Rick, que requería mucho esfuerzo y sustento. Dijeron *no* al desánimo y a la resignación. Añade a eso el hecho de que nunca nadie había hecho nada así y no había un modelo, ni manual de instrucciones ni precedentes. Tuvieron que decir *no* a los temores de lo desconocido. Y, además, durante los primeros días encontraron mucha resistencia social a la idea de que compitieran como un equipo. Otros atletas los esquivaban en las carreras. Tuvieron que decir *no* a las críticas y a las opiniones negativas. (Por suerte, en los últimos años tales actitudes en el mundo deportivo han mejorado mucho.) No obstante, Dick y Rick son un éxito, han logrado y siguen logrando grandes metas.

Un aspecto del ejemplo del equipo Hoyt puede ayudarte a controlar tu vida y alcanzar tus metas. El principio es *decir* no *a cualquier cosa que quiera desviarte de tus metas y sueños*. Este poder viene mediante la habilidad, el entrenamiento y el esfuerzo y es muy valioso para tus propósitos. La idea de decir *no* pudiera parecer negativa, pero decir no a las cosas adecuadas tiene un resultado muy positivo. Es fácil culpar las circunstancias y la mala suerte que te tocó y decir: *No es culpa mía*. Pero es miles de veces más gratificante decir *no* a aquellas cosas que se interponen en tu camino y jugar la mano que tienes para ganar.

Todos tenemos que decir *sí* a los demás principios que hemos presentado en este libro, como adueñarnos de nuestras vidas y opciones, enfrentar el fracaso, persistir, cambiar nuestra manera de pensar, estirarnos y relacionarnos; pero esos *sí* no son suficientes. También es necesario un *no*, un tipo muy especial y específico de *no*.

Necesitamos proteger y cuidar nuestro sueño de las fuerzas que pudieran impedirnos alcanzar lo que queremos alcanzar. Necesitamos aprender la habilidad de decir no a esas fuerzas. Tú, al igual que los equipos deportivos muy exitosos, requieres tanto de la ofensiva como de la defensiva. En este capítulo te daremos la estrategia defensiva para mantenerte enfocado en tu tarea, en tu objetivo y protegido. Lo necesitarás.

Sé un guardián

Primero, examina nuevamente el corazón de tu motivación, la meta que quieres alcanzar. ¿Tu meta es ir en pos de una mejor trayectoria en tu profesión? ¿Renovar un matrimonio o recargar tus salidas? ¿Resolver un mal hábito? ¿Mejorar una situación familiar? ¿Ponerte en forma? Cualquiera que sea tu sueño, es más que algo «en tu cabeza» o una especie de percepción intelectual cognitiva. Va más allá de eso. Es una cuestión del corazón.

Las personas no invierten tiempo, esfuerzo, sudor y dinero en cosas que están solo «en su cabeza». Se involucran cuando algo llega a su corazón. El corazón es donde vivimos, encontramos propósito, significado y realización. Es donde realmente comprendemos lo que en verdad nos importa. Es lo que nos mantiene despiertos en la noche, nos impulsa a aprender sobre la idea y nos mantiene orando por dirección y éxito. Todos los grandes sueños comienzan en el corazón, con una visión, una meta o un plan.

Al mismo tiempo, el sueño que llevas en tu corazón es frágil y joven. Todavía no se ha realizado ni es completamente maduro. Es un sueño. Es una semilla que se ha plantado dentro de ti y poco a poco está echando raíces. Está comenzando a crecer. Pero necesita tiempo, apoyo, experiencia y ayuda para convertirse en lo que debe ser: una nueva empresa, una relación amorosa, la victoria sobre una adicción o una manera de utilizar mejor tus dones y talentos en la vida. Sobre todo, en la primera etapa de germinación de tu sueño, necesitas ser un guardián, alguien que protege y apoya el desarrollo de lo que será. Necesitas ser vigilante y cuidadoso para asegurar que la meta que está dentro no se abrume, se dañe o se descuide. Tú eres la primera y mejor defensa de tu sueño.

Puede que esta idea te desanime un poco. Para algunos la autoprotección suena egoísta y egocéntrica. Y en verdad somos capaces de mucho egocentrismo y narcisismo, que nunca son buenos. Pero aquí no estamos hablando de eso. La autoprotección, como la presentamos aquí, es más una cuestión de mayordomía, no de egoísmo. Tu vida, corazón y sueños son, en un sentido ideal, algo que debieras usar para ser una persona mejor, para de alguna manera ayudar a otros a hacer del mundo un lugar mejor y hacer progresar el reino de Dios en tu esfera particular. Tienen que ver con el hecho de que tienes la responsabilidad de invertir tu vida, talentos y dones de manera que le dé sentido al propósito por el cual estás en la tierra.

Así que no tengas miedo de poner una cerca de protección alrededor de tu corazón. Estás poniendo en práctica la responsabilidad y la mayordomía. Me encanta la manera en que lo dijo el rey Salomón, un hombre sabio: «Por sobre todas las cosas cuida tu corazón, porque de él mana la vida» (Proverbios 4:23). Tu corazón es dueño de tu sueño. Cuando guardas tu corazón, proteges tu sueño.

La zona

Nadie se hace dueño de su vida ni hace grandes cambios en esta sobre la marcha. Si pudieras haber transformado tu vida, trabajo y relaciones en el tiempo extra entre un asunto y otro, ya lo hubieras hecho hace mucho tiempo. La vida y los cambios no funcionan así. Lograr las cosas que más deseamos siempre requerirá un lapso de espacio y tiempo extra para soñar, aprender, planear y arriesgarse. El proceso necesita que se le ponga fecha y que se proteja. Eso nos ayuda a entrar en la *zona*, ese estado mental en el que te concentras por completo cualquiera que sea la etapa de tu sueño en la que estés trabajando. Es un período temporal de concentración en el que aplicas todos tus pensamientos y energías al sueño. El tiempo que pases en tu zona puede ser muy eficaz.

Las personas entran en zonas en todas las etapas de la vida. Es como si el tiempo se detuviera. Un jugador de la NBA será incontenible y anotará cuarenta puntos, es como si no pudiera fallar. Un vendedor finalizará una serie de grandes ventas y cuando le pregunten cómo lo logró dirá: «No sé, este mes fui inusualmente eficiente». Los miembros de un grupo de apoyo tendrán una reunión en la que serán francos, se harán vulnerables los unos a los otros y verán que el tiempo pasa como si no hubiera tiempo en lo absoluto. Una persona que trabaja en un plan para su profesión se pasará la mañana de un jueves creando y maquinando y de pronto se dará cuenta de que es la hora de almorzar. Necesitas crear y proteger zonas de tiempo para ti mismo. Cuando haces de esto una parte normal de la vida, te sorprenderá la velocidad de tu progreso. Pero no olvidemos esos *no* protectores. Antes de llegar a tu zona tienes que estar consciente, atento y preparado para decir no a varios obstáculos.

Obstáculos a la zona: Distracciones

Primero, comienza a prestar atención a aquellas cosas y actividades que te distraen de tus pasos hacia la meta. No tienen que ser cosas negativas o perjudiciales. De hecho, pueden ser muy buenas para ti. Es probable que esa sea la razón por la que te distraen. Pero hasta las cosas buenas pueden impedir tus esfuerzos de ponerte en marcha y terminar la carrera. Pueden desacelerar tu ímpetu, desviarte y estancarte.

Incursiones en la Era Informática: La fenomenal Era Informática en la que vivimos es tanto una bendición como una maldición. Puedes encontrar datos y comunicarte con personas en breves períodos y eso puede ser una gran ventaja para el trabajo y las relaciones. Pero al mismo tiempo, esos mismos avances tecnológicos les dan a otros el acceso a ti en cualquier momento. Suena tu teléfono. El celular repica. Tu alerta de correo electrónico chirrea. Tu equipo de fax saca una copia. Un mensaje instantáneo sale en la pantalla de tu computadora (yo me preguntaba por qué mis hijos no hacían su tarea a tiempo hasta que los vi tratando de hacer investigaciones en línea mientras que ¡al mismo tiempo! mantenían cuatro o cinco conversaciones por mensajes instantáneos). Y por encima de todo esto, ya la oficina y la casa no tienen límites. Las agendas electrónicas (PDA) y los teléfonos móviles hacen posible que los demás tengan acceso a ti desde prácticamente cualquier lugar del planeta en cualquier momento.

Y luego están las distracciones de la Era Informática que no tienen que ver con que otros lleguen a nosotros, sino más bien con distraernos de nuestras tareas al malgastar tiempo en cosas que parecen tan fáciles y accesibles que pensamos muy poco en eso. Cosas como navegar por el Internet, correos electrónicos de poca importancia y llamadas telefónicas innecesarias. En estos tiempos un amplio mundo de personas e información están a solo un clic o una llamada y con demasiada frecuencia cedemos a la tentación de conectarnos cuando debiéramos proteger nuestro sueño y decir no.

La mayoría de nosotros lucha con estas distracciones como partes normales de la vida y el trabajo, que lo son en gran medida. Pero cuando estás aventurándote en una misión personal, del tipo que estamos hablando en este libro, estas distracciones pueden ser un problema importante. Cuando tu meta en la vida es simplemente llegar a las cinco de la tarde para cenar y ver televisión, las distracciones de la Era Informática no son un problema ya que no hay nada de lo cual te distraigan. Pero el hecho de estar leyendo este libro es un indicativo importante de que ese no es tu caso. Tienes que ganar control sobre tus distracciones porque trabajan en contra tuya y de tu habilidad para entrar en la zona de transformación de tu vida.

Algo que puede ayudar en gran medida es deshacerse de las falsas expectativas insidiosas que se nos lanzan mediante comunicaciones electrónicas. Ahora estamos entrenados a pensar que *debido a que otros tienen acceso a nosotros, estamos obligados a responderles*. Parece loco, pero es verdad. La mayoría de nosotros tiene la tendencia de pensar que si alguien nos envía un correo electrónico o nos deja un mensaje de voz, somos responsables de darle una respuesta inmediata. Y algunas personas sí lo esperan. ¿Cuántas veces has escuchado algo así: «Te mandé un correo electrónico esta mañana, por qué no has respondido?» o «Te dejé un mensaje en el teléfono hace una hora, ¿por qué no respondiste?» Entonces, ¿quién está a cargo de tu sueño?

Recuerda que le debes a las personas lo que les has prometido, no lo que ellos esperan porque les dejaste un mensaje. Sal de la trampa de la culpa. Nunca te llevará a tu nueva vida. A veces cuando trabajo en la computadora, apago mi programa de correo electrónico para no sentirme tentado a responder todo lo que aparezca. Y también apago el teléfono, excepto para emergencias de pacientes y escucho los mensajes de voz un par de veces al día, así puedo estar libre de distracciones en mi trabajo.

Prueba este ejercicio: Un día de esta semana lleva un registro de la cantidad de conversaciones, correos electrónicos, mensajes de voz, mensajes instantáneos, etc., que has tenido. Observa cuáles estaban relacionados con la supervivencia, cuáles te ayudaron en tu sueño y cuáles fueron agradables pero innecesarios y te quitaron tiempo de tu sueño. Es probable que te sorprendas al ver cuánto invertiste en llamadas y respuestas innecesarias. Ese es un tiempo valioso al que puedes darle mejor uso. Utiliza tu registro del tiempo como base para tomar decisiones en cuanto a cuáles distracciones de la comunicación dirás que no para lograr tu sueño.

Otras distracciones. Pero las distracciones de la Era Informática no son las únicas de las que tenemos que estar conscientes. Evalúa actividades como ver televisión, momentos de perder el tiempo, conversaciones frívolas y organizar en exceso. Todas estas actividades tienen su lugar y nos pueden venir bien, pero si no se controlan, también pueden hacernos malgastar tiempo y energía. La buena noticia es que el simple acto de evaluar y medir cuánto tiempo gastas en esas cosas casi seguro les dará un mejor equilibrio.

La mayoría de las distracciones se reducen cuando les prestamos atención y aumentan cuando no pensamos en ellas. Hazte cargo de tu tiempo al decir no a las distracciones. Y cuando logres un progreso significativo hacia tu meta, celébralo en dosis mesuradas cediendo un poco ante estas.

Obstáculos para la zona: Personas tóxicas

Cuando estaba en mis primeros años de entrenamiento como psicólogo, le pedí a un psicólogo más experimentado que se reuniera conmigo y me aconsejara en temas de consejería. Me ayudó con varios casos con los que yo estaba tratando. Pero un día le describí una situación muy difícil con un paciente difícil y él dijo:

—Déjalo, nunca mejorará.

—¿Qué quieres decir? —le dije.

—Hace mucho tiempo que es así —contestó—. Nunca cambiará.

Había dicho cosas similares sobre otros clientes y comencé a molestarme con esas afirmaciones. Si él tenía razón, ¿para qué estaba yo en este negocio?

No podía comprender cómo él podía decir que una persona no tuviera esperanza. No concordaba con lo que había aprendido en la escuela ni con mi propia experiencia personal ni con lo que yo sabía sobre el poder de la gracia y la sanidad de Dios. Medité mucho y me di cuenta de que esa no era la posición que yo quería asumir en esta profesión. Me puse a estudiar más sobre el asunto en particular que mi cliente estaba enfrentando, busqué supervisión de otros terapeutas y dejé de ver al que me aconsejó que dejara los casos difíciles. El resultado fue que mi cliente comenzó a hacer mejoras significativas en su vida. Solo tuve que alejarme de una persona tóxica que me estaba dando consejos falsos e inútiles.

Te garantizo que junto con el sueño, la meta o el problema, llegarán una o dos personas tóxicas. Al decir «persona tóxica» me refiero a alguien que tiene una influencia negativa en la dirección de tus deseos. Una conversación sencilla con una persona tóxica puede dejarte desanimado, sintiéndose fracasado, confundido o incluso cuestionando tu sueño. Las personas tóxicas agotan la energía, el ímpetu y la pasión que necesitas para seguir progresando.

Esto no quiere decir que no necesitas en tu vida personas que te confronten y te corrijan. Como dijimos en el capítulo 5 acerca de las relaciones, las opiniones directas y saludables de aquellos que nos apoyan son de vital importancia. El problema no son las declaraciones negativas, porque a veces las verdades negativas ayudan. *El problema con las personas tóxicas es el resultado negativo que producen en las mentes.* Tienes que aprender a decir no a los siguientes tipos de personas tóxicas:

Gente envidiosa. Hay ciertos tipos de personas que obtienen una alegría extraña por el fracaso de otros y les molestan los éxitos de los demás. Muy dentro de estas personas late un corazón envidioso. Aunque nunca lo reconocerían, se sienten muy vacíos por dentro y resienten lo que consideran la buena suerte de los demás. Sin embargo, se resisten al esfuerzo que les toma alcanzar esa buena suerte. Así que, de manera enfermiza, son destructores de sueños que dicen cosas como: «¿Así que tu crees que el estudiar un postgrado te hará mejor que los demás? o «Ah, estás bajando de peso, no sabía que estabas tan desesperada por conseguir un hombre», o «Veo que estás trabajando por lograr una promoción, apuesto que tienes que adular muchísimo». La naturaleza tóxica de estos comentarios a menudo está escondida bajo la apariencia de las bromas, pero el ataque es real. Cuando tú fracasas en lograr tus triunfos, ellos se sienten mejor con respecto a sus propios fracasos.

¡Pon en cuarentena a estos destructores de sueños! Si existe una persona envidiosa en tu vida, confróntala y dile que necesitas eso en la relación. Dile que necesitas a alguien que esté en tu equipo y que crea en tu meta. Y si la persona persiste, mantén cierta distancia entre ella y tu sueño. Ni siquiera hables del tema, y cambia el tema si esta lo saca a colación. Recuerda que tú eres el único guardián de tu sueño.

Gente negativa. Aunque dijimos que las opiniones negativas pueden ser algo positivo, hay algunas personas que simplemente son negativas para todo y producen un fruto negativo en nuestras vidas. Solo ven el lado oscuro de las cosas y nada parece esperanzador. Pueden decir, por ejemplo: «Tú y Juan no van a lograrlo. No creo que esa relación durará» o «Yo he probado ir a un gimnasio y te digo, después de un tiempo lo vas a dejar», o «El jefe nunca escucha a nadie, así que, ¿para qué molestarse?» A menudo también se sienten negativos con relación a sus propias vidas, y eso es triste. Pero no puedes dejar que su veneno inunde tu sueño.

Es bastante difícil mantener una esperanza positiva al trabajar para tu visión. Causa sus estragos en tiempo, trabajo, riesgo y fracaso. ¡Lo menos que necesitas es alguien que se haga eco de cualquier temor o pensamiento negativo que ya pueda estar dando vueltas en tu cabeza! Dile a tu amigo: «Estoy muy emocionado con mi nueva meta y necesito optimismo y ánimo de tu parte. Si tienes que decirme algo realmente negativo y verdadero que me pueda ayudar a identificar y vencer un obstáculo, quiero escucharlo. Pero no está bien si todo lo que escucho de tu parte es negativo y desalentador. ¿Me puedes dar un buen equilibrio? Eso sí sería una ayuda». A menudo una persona negativa ni siquiera estará al tanto de su tendencia y al darse cuenta de esto corregirá su conducta.

Gente controladora. Debes estar consciente de ciertas personas que realmente quieren que logres un sueño. ¡El único problema es que ellos quieren que logres *su* sueño y no el tuyo! Se les llama personas controladoras. Este tipo de gente tiende a ver a las personas como medios para sus propios fines y, por lo general, las relaciones con estas personas van bien cuando los demás viven sus vidas a la manera de ellos. Pero si tú te despegas y sigues tu propia estrella, ellos se resisten al paso y se vuelven tóxicos.

Por ejemplo, puede que un esposo no quiera que su esposa comience a trabajar incluso cuando los hijos sean los suficientemente mayores como para tener cierta independencia porque ella no estará disponible para mantenerlo cómodo a él. Un compañero de trabajo puede competir contigo e intentar hacer las cosas a su manera. O puede que una mujer no quiera que el hombre con quien está saliendo tenga otras amigas mujeres porque pudiera sentirse atraído a alguien más. Si te ves en este tipo de relación, córtala de raíz. Di: «Nuestra relación es importante para mí, pero me parece que cuando hacemos cosas que significan mucho para ti, todo está bien, pero cuando trato de introducir las cosas que me gustan a mí, entonces no va bien. Necesito que esta relación sea mutua, y necesito tu apoyo cuando tome decisiones por mí mismo. Esas decisiones no van *en contra* nuestra, están a favor mío. Me alegra que tengas tus preferencias, pero esta relación tiene que ir en ambas direcciones». Insiste en la libertad mutua.

Gente necesitada. Las personas que andan en movimiento constante a menudo tienen relaciones dependientes con las que no saben qué hacer. Estas son personas que, por diversas razones, tienen tremendas luchas y desafíos en la vida y a menudo tratan con problemas graves. Están necesitadas y demandan mucho tiempo, energía y apoyo. Puede que te veas funcionando como el sistema de apoyo en la vida de otra persona. Por ejemplo, es posible que tengas una amiga que esté atravesando por un divorcio y llame a menudo para pedirte consejo y para que la escuches. O tal vez tienes alguien que ha perdido un trabajo y está tratando de encaminarse. A veces una persona necesitada tiene un largo historial de fracasos y crisis y durante años ha dependido de otros para que le cuiden.

Con frecuencia esa persona necesitada es una buena persona que en realidad no es tóxica de corazón. Puede que sencillamente esté pasando por su noche oscura, como nos pasa a todos en algún momento en la vida. O puede que tenga un problema de carácter dependiente que le impida ser autónomo y hacerse cargo de la situación. Aunque una persona necesitada pudiera tener buen corazón, el impacto que tiene en ti y en tus aspiraciones pudiera terminar por ser tóxico y convertirse en una distracción en tu camino.

Es importante comprender que la mayoría de las personas necesitadas sí necesitan ayuda, apoyo, tiempo y ánimo. A menudo se benefician mucho de una comunidad que se relaciona con ellos y les da seguridad y estabilidad. Hemos sido llamados a alcanzar a los necesitados y dar lo que se nos ha dado. De eso trata la vida en gran parte. Como dice el proverbio bíblico: «¡Levanta la voz, y hazles justicia! ¡Defiende a los pobres y necesitados!» (Proverbios 31:9).

Así que si tienes una relación dependiente en tu vida, asegúrate de que seas generoso, sacrificado y te intereses por esa persona.

Sin embargo, al mismo tiempo asegúrate de realmente hacer lo mejor para esa persona. Es fácil pensar que estar disponible por completo para una persona con dificultades es lo que ellos necesitan. A veces eso es verdad. Por ejemplo, si tienes un hijo muy enfermo o que tiene un problema grave, una gran parte de la vida tiene que pasar al segundo plano para poder darle el tiempo y los recursos que él necesita. O puede que tu amiga/o que esté pasando por una pesadilla matrimonial te llame a menudo, durante una etapa de su vida, para poder mantener su existencia a flote. Ayudar a aquellos con necesidades como estas puede ser correcto, afectuoso, adecuado y bueno. De hecho, para algunas personas la capacidad de ayudar a los necesitados es su verdadero llamamiento. La Madre Teresa es un ejemplo maravilloso. Satisfacer las necesidades apremiantes de otros pone a esas personas en su lugar idóneo. Para otros, ayudar a los afligidos coexiste y se apoya en su propio deseo de crecer, cambiar y lograr.

Pero es importante estar consciente de que a veces una persona necesitada necesita más de lo que podemos proveer. Eso no es culpa suya, es solo la realidad de su situación. Puede que no tengas la pericia para satisfacer su necesidad como lo pudiera proporcionar una buena iglesia, un pastor, un grupo de apoyo o un experto en finanzas. Si ese es el caso, conviértete en un conducto para la ayuda en lugar de la única fuente de cuidado. Puede que ayudes mejor a esa persona al ser un puente para lo que realmente necesita. Si tu amigo tiene una hemorragia, puede que no sea tu trabajo ser el cirujano sino más bien la ambulancia que lo lleve al cirujano. Además, ten en cuenta que las primeras etapas de una crisis por lo general son más exigentes que las finales. Al comenzar, quizá necesites gastar más tiempo y energía hasta que tu amigo por fin se estabilice y pueda caminar mejor por su cuenta.

Así que no le des la espalda al necesitado. Apóyalo de la mejor manera en que puedas ayudarlo. Y al dar lo que realmente puedes ofrecer, asegúrate de guiarlo a los recursos y estructuras que puedan ayudarlo en su propio camino. Y sigue dando paso en tu propia ruta.

Obstáculos para la zona: Lo valioso pero inoportuno

Yo estaba tratando al presidente de una empresa pequeña pero rentable que sentía que su trabajo se lo estaba comiendo. Requería demasiado tiempo y energía, y él temía ir en dirección al agotamiento. Sin embargo, mientras conversábamos me quedó claro que el trabajo en sí no era el problema. Lo que empecé a descubrir fue el hecho de que el hombre estaba comenzando proyectos y nuevos negocios que se interponían en el camino de su foco y misión principales. Él era una persona muy positiva y extensiva y estos atributos contribuían a su situación. Cada vez que una propuesta que tenía buen potencial para despegar y producir ganancias cruzaba su buró, él se emocionaba e inmediatamente se dedicaba a encabezar el proyecto o a supervisar a alguien que pudiera hacerlo (sin darse cuenta de que supervisar también requiere tiempo y energía).

Después de comprender lo que estaba sucediendo, le dije: «Realmente no es el trabajo. El verdadero problema es que te resulta difícil percibir que algunas cosas pueden ser valiosas y, no obstante, inoportunas».

«¿Qué quieres decir?», preguntó.

«Bueno» le dije, «estas oportunidades que estás considerando ahora mismo me parecen viables en realidad. Creo que son valiosas. Son proyectos que tu empresa puede hacer bien y pueden producir muchas ganancias. Y si tu empresa fuera mayor y tuviera más recursos, sin dudas debes invertir en ellos. Pero no son oportunas. No encajan en el punto en que te encuentras en este momento en la vida de tu empresa. Los recursos que tienes para desviar y poder hacerlos despegar costarían demasiado al negocio primordial que ya estás manejando. Y lo que es peor, esta difusión de recursos podría hacer que tu organización se atrase y que incluso pierda su vanguardia».

Él detestó escuchar eso. A un hombre de tanta energía y de pensamiento innovador no le gusta perder oportunidades. Pero sí escuchó y comenzó a dejar ir algunos negocios muy buenos para mantenerse en la dirección correcta. Y con el tiempo la empresa creció bajo su liderazgo y pudo asumir más. Una ventaja aún mayor fue que a medida que él dijo *no* a oportunidades valiosas pero inoportunas, también experimentó más libertad personal, menos estrés y más satisfacción en el trabajo. En esencia, eliminó todo lo que no era trabajo y comenzó a hacer el trabajo nuevamente. He visto lo contrario suceder una y otra vez en las vidas de las personas que van en pro de metas visionarias. Hacen un buen progreso hacia su meta y luego, como de la nada, aparecen estas fantásticas oportunidades adicionales. Se distraen, cambian de rumbo y pierden el impulso hacia su sueño.

Por supuesto, esa nueva oportunidad inesperada a veces debe aprovecharse. Cuando una compañía de Internet, que nació en un garaje, recibe una oferta de compra de nueve cifras a un par de años de su comienzo, pudiera muy bien ser el momento de aceptar la oferta y cambiar el rumbo. Pero la mayoría de las veces uno debe examinar muy bien lo nuevo que aparece en el horizonte. ¿Encaja en tu visión? ¿Desviarán tu camino o irán hacia él? ¿Serán valiosos pero inoportunos?

Esto también se cumple en otras esferas de la vida. Puede que te estés concentrando en tu desarrollo personal, participando en actividades como un grupo de apoyo, la lectura de literatura que te sirva de ayuda, llevando un diario, almorzando con personas que están interesadas en el crecimiento y el cambio, y trabajando para mejorarte a ti mismo y tus relaciones. Entonces, de repente, te piden que dirijas un par de grupos porque la gente descubre que eres bueno en eso. También te piden que te involucres más en las actividades de Recursos Humanos de tu empresa. Y muy pronto tienes que retroceder ante la visión debido a todas las actividades valiosas pero inoportunas. O imagínate que eres una mujer soltera que por fin desarrolla una relación estrecha con un hombre con quien te puedes relacionar, y las cosas se vuelven exclusivas entre los dos. Entonces, ¡pum! ¡Aparecen otros tres hombres muy buenos!

Dejar ir lo valioso pero inoportuno no es fácil. Perder experiencia que tengan el potencial de ser buenas es una verdadera pérdida. Pero mi experiencia al trabajar con personas exitosas es que cuando alcanzan una meta, encuentran que les aguardan muchas otras oportunidades. La gente exitosa que logra sus sueños y que son dueñas de sus vidas siempre tendrán otras personas deseando su tiempo, pericia y liderazgo. Tienes que aprender a decir no a las personas y situaciones adecuadas.

Obstáculos para la zona: Tu propia codependencia

Es probable que supieras que incluso en un libro sobre sueños y metas, la palabra codependencia tendría que aparecer cuando los autores son ¡un par de psicólogos! Pero la codependencia tiene que tratarse porque esta puede convertirse en un gran obstáculo en tu camino al éxito. Y este capítulo es el lugar para tratarla porque aprender a decir no es crucial para eliminar este obstáculo.

La codependencia se define de manera más sencilla como la tendencia a asumir demasiada responsabilidad por los problemas de otros. Aunque es bueno interesarte, ayudar y apoyar a las personas, la codependencia cruza la línea en la relación, *la línea de la responsabilidad.* En lugar de ser responsable *ante* otros, la persona codependiente se vuelve responsable *de* ellos. Y a menos que la otra persona sea tu hijo o alguien cuyo cuidado te hayan confiado, la línea de responsabilidad entre el *ante* y el *de* puede volverse un tanto borrosa. El resultado es que en lugar de cuidar y ayudar, comienzas a facilitar y rescatar. Facilitar y rescatar no le da facultades a nadie. Solo aumentan la dependencia, la concesión de derechos y la irresponsabilidad. El amor fomenta la fortaleza y el carácter mientras que la codependencia los destruye.

Cuando la codependencia se deja libre puede descarrilarte de tus metas y sueños. Y es demasiado fácil estar completamente inconsciente de esto. Es así porque mientras las distracciones, la gente tóxica y las cosas valiosas pero inoportunas son ajenas a ti, la codependencia está *dentro* de ti. A veces está demasiado cerca para verla. Pero ahí está, al menos en una porción pequeña, en la mayoría de nosotros.

Por ejemplo, llegas tarde a la clase nocturna de tu maestría porque un compañero de trabajo no hace una tarea y te pide que te quedes a trabajar hasta tarde para sacarlo del aprieto. O quieres tomar las lecciones de navegación pero a tu esposa no le gusta probar cosas nuevas y prefiere quedarse en casa viendo televisión. Ya que ella se siente sola cuando tú no estás, te quedas en casa, lo que al final termina siendo peor para ambos. O quizá te sientes culpable por el hecho de que todos tus esfuerzos de buscar citas en línea han dado resultado mientras que tus amigas están melancólicas y se quejan por su falta de prospectos. Así que les ocultas tu éxito o incluso disminuyes la velocidad del proceso.

La mayoría de las veces el problema se centra en la infelicidad de la otra persona. Ya que nos interesa la persona, no queremos que esté triste, herida, desilusionada o infeliz. Y ese tipo de atención es algo bueno. Sin embargo, todavía nadie ha hecho feliz a una persona infeliz. No puedes tomar las emociones de otra persona y cambiarlas. Puedes ayudar, amar, aceptar, identificarte, aconsejar, confrontar y apoyar. Pero al final de la jornada, sus sentimientos le pertenecen. Así que debes decir no a conductas que facilitan y rescatan. La vida mejora y la gente triunfa más cuando son capaces de llevar sus propias responsabilidades: «Que cada uno cargue con su propia responsabilidad».[2]

Sin embargo, cuando comiences a decir que *no* a tu propia codependencia, también verás que dices *no* a personas que has estado rescatando. Así que prepárate para algunas punzadas de culpa. Puede que te sientas como el malo o que temas que la otra persona piense mal de ti. Estos sentimientos son normales, considéralos parte del precio de lograr tus sueños. Solo recuerda mantener una actitud afectuosa y compasiva mientras que respetas la línea de responsabilidad. Los sentimientos de culpa deben resolverse con el tiempo y te convertirás en una persona más libre.

Excusas

En otras partes de este libro hemos tratado el problema de dar excusas, pero es demasiado importante como para no incluirlo en este capítulo. Si tienes la intención de ganar control y adueñarte de tus sueños, *debes decir* no *a todas las excusas que has estado dando*. Las excusas pueden existir de muchas maneras, desde culpar a otros, minimizar tus contribuciones, racionalizar, hasta negar categóricamente tu responsabilidad. Las excusas no son un amigo, son tu enemigo. Te hacen descartar tu falta de progreso como que no es culpa tuya sino más bien culpa de otros o de las circunstancias.

Asume una posición de cero tolerancia para con tus excusas. Una excusa en sí es tu propia recompensa, pero la satisfacción que produce es fugaz. Actúa como un anestésico. Puede que de momento alivie el dolor de tus sueños no cumplidos, pero luego cuando desaparece el efecto, tu situación no ha mejorado y, lo que es peor, el tiempo se te va. El tiempo es un artículo que sencillamente no puede reemplazarse ni rehacerse, así que no puedes darte el lujo de perderlo con tus excusas.

¿Cuáles son las mejores formas de decir *no* a este asesino de sueños llamado excusas? He aquí algunos consejos que te pueden ayudar a eliminarlo:

Escribe tus excusas. Anota en un papel las excusas que te impiden seguir adelante: «Estoy demasiado ocupado», «No tengo apoyo suficiente», «No tuve las ventajas que otros tuvieron», «Alguien en mi vida me refrena» y las demás. Cuando hayas hecho tu lista, entonces anota de dónde provienen esas excusas. Recuerda que la mayoría de las veces las excusas son un resultado del miedo. Por ejemplo: «Tengo miedo del fracaso», «No me siento cómodo ante lo desconocido», «No quiero arriesgarme a recibir reacciones negativas de parte de otros», «Me asusta ser un perdedor» o «Me asusta entusiasmarme y luego quedar defraudado». Reconocer el temor es una señal de responsabilidad y progreso. Una vez que admitas tus temores, puedes hacerte dueño de ellos y confrontarlos. No puedes hacerte dueño ni confrontar cualquier cosa cuando das excusas.

Luego añade otra parte a tu escritura. Anota lo que te han costado tus excusas en la vida. ¿Qué precio has pagado por el anestésico? ¿Oportunidades de trabajo perdidas? ¿Ganancias durante una vida? ¿Un matrimonio más amoroso y apasionado? ¿Una vida amorosa exitosa? ¿Formas de desarrollar tus dones y talentos? Esta lista pudiera ser difícil de elaborar, pero te ayudará a cristalizar en tu mente la realidad de que una vida de excusas debe terminar para ti.

Busca compañeros para rendir cuentas. Muestra tu lista de excusas a unos pocos amigos fiables, afectuosos y honestos. Pídeles que te chequeen a medida que trabajas en pro de tu meta. Dales permiso para que te hablen cuando vuelvan a escucharte dando excusas. No es para que ellos sean críticos o ásperos, pero haz que te señalen el viejo idioma de las excusas cuando lo uses, de manera que puedas identificarlo y tratar con él. Y mientras más pronto, mejor.

Ten conciencia de las temporadas de adueñarte de la meta. El momento es importante al decir *no* a las excusas. Cuando comienzas a abordar tu problema o a planificar tu meta, eres menos propenso a utilizar excusas. El período de luna de miel es emocionante, lleno de energía y un tanto desconectado de la realidad, como debe ser. La euforia y el entusiasmo del principio sirven para lanzarte a tu visión. Pero después de la luna de miel encontrarás los obstáculos que siempre te han detenido: ciertas personas, tus circunstancias o alguna actitud de barrera que tú mismo tienes.

Es en este momento cuando necesitas estar alerta a las excusas y listo para acabar con ellas. Cuando tú o tus amigos escuchen una excusa que provenga de tu boca, como por ejemplo: «No puedo hacer eso porque si fracaso voy a defraudar a todo el mundo», sencillamente pasa por encima de la excusa para que puedas ver claramente lo que es. Reconócela como una excusa, admite que proviene del temor y aclara su realidad volviendo a plantear el miedo de una manera que lo identifique como lo que es. «Sentí miedo de defraudar a todos». Ahora puedes adueñarte del temor y de la respuesta al mismo. Esto te permite dejarlo atrás y obtener la seguridad, el valor y la fuerza que necesitas para seguir adelante. Recuerda el poder de recibir confirmación y ánimo en momentos de duda y estrés: «Por eso, anímense y edifíquense unos a otros, tal como lo vienen haciendo» (1 Tesalonicenses 5:11). Las excusas requieren confrontación. El adueñarse requiere validación.

Experimenta los resultados de ser dueño de ti mismo. Las excusas tienen su propia recompensa, pero son recompensas poco gratificantes y de corta vida.

El hacerse dueño, por otra parte, crea recompensas que valen la pena. Al salir de la actitud de evitar riesgos que las excusas traen y entrar en un estilo de vida de hacerse dueño y tomar la iniciativa, comenzarás a moverte hacia tu meta. Puede que sea un poquito cada vez, pero celebra esas pequeñas victorias. Te ayudarán a seguir día a día hasta que ganar las escaramuzas te lleven a la victoria en las batallas.

Por ejemplo, quizá nunca hayas podido hablar adecuadamente con tu cónyuge sobre trabajar juntos en el matrimonio. Quizá, cada vez que lo intentas, él te detiene o se aleja o el intento se convierte en una tremenda pelea. Te sientes tentado a volver a caer en tu excusa basada en el temor para no intentarlo más: «nunca resuelve nada y la explosión que provoca es demasiado difícil». En lugar de la excusa, prueba un enfoque diferente: «Sé que te resulta difícil escuchar esto, y siento que no lo he tratado de la manera correcta, pero quiero algo mejor para nosotros que lo que ya tenemos. Te amo pero no estoy feliz con lo que se ha vuelto nuestra relación y voy a insistir en que ambos trabajemos en el matrimonio. Esto es muy importante para mí y no voy a dejarlo ir. Quiero saber qué estoy haciendo que hace las cosas más difíciles para ti. Y también quiero que escuches mi punto de vista. ¿Cuándo podemos hablar de esto?»

Puede que obtengas silencio, negación o enojo. Pero sabrás que hablaste directamente, con amor y claridad. Esto es un primer paso. Esto es progreso y debes contárselo a tu equipo de apoyo y dar una fiesta mientras te preparas para el próximo paso.

No te conformes con menos

En 1960 Richard Nixon se postuló para presidente de los Estados Unidos contra John F. Kennedy. Nixon perdió. En 1968 se postuló para presidente contra Hubert Humphrey. En esta ocasión Nixon ganó. Independientemente de lo que pienses con relación a su política, Nixon realizó una increíble proeza al levantarse de la derrota para alcanzar la posición política más codiciada en el mundo. Requirió gran esfuerzo, perseverancia y reflexión previa para lograr este sueño nunca antes visto. Nixon se negó a conformarse con menos de lo que en realidad él deseaba. Para aquellos que están aprendiendo la habilidad de adueñarse y triunfar, el ejemplo de Nixon es un gran maestro para decir no a conformarse con menos.

Cuando encontramos obstáculos para nuestro sueño, todos tenemos la tendencia de rendir el señorío al resignarnos a metas inferiores. Es el camino de la menor resistencia. Siempre es tentador bajar el nivel a un punto que sea más alcanzable, que requiera menos esfuerzo y que provoque menos estrés. Pero, ¿qué sucede cuando nos conformamos con algo a lo que realmente no aspirábamos? A menudo nos consume una pregunta fastidiosa: ¿Y si me hubiera quedado con el sueño original?

Imagínate, por ejemplo, que tu meta sea perder cincuenta libras. Bajas diez libras, veinte y veinticinco, pero luego te resulta difícil bajar treinta. Las libras se bajan poco a poco, el apetito vuelve y hacer ejercicios se vuelve pesado. Es algo natural querer parar y decir: «Oye, perder treinta libras no está tan mal». Sin dudas que estás mucho mejor que cuando comenzaste. Pero pregúntate: ¿te estás deteniendo porque es lo mejor para ti o porque te estás conformando? En cambio, pudiera ser mucho mejor cambiar las cosas en la dieta y el régimen, hablar con un especialista o unirse a un grupo. Un período de estancamiento no tiene que ser el final.

O imagínate que tienes la meta de alcanzar una posición en tu campo en los próximos dos años y no logras llegar. ¿Debieras estar agradecido por el progreso que has alcanzado y detenerte donde estás? ¿O llegó el momento de abrir tu vida a un consejero y ver por qué estás estancado?

O piensa que tienes un hijo adolescente que se mete en problemas con el alcohol, las drogas y problemas legales. Tu meta original pudiera haber sido que se graduara de la secundaria y que lo aceptaran en una universidad. Pero por difícil que eso sea en estos tiempos, quizá te sientas feliz si se libera de las drogas y lo dejas ahí.

No hay dudas de que algunas metas necesitan ajustarse por motivos de realidad y buen juicio. Para empezar, tal vez algunos sueños no eran realistas. Algunos requieren cambios a mitad del camino según surjan nuevos factores. Michael Jordan es, en la mente de la mayoría de la gente, el mejor jugador en la historia del baloncesto profesional. Sin embargo, fracasó en su próxima meta, entrar en el mundo de las ligas mayores del béisbol cuando lo intentó en 1994. Sabiamente dejó ese deporte y regresó al baloncesto donde una vez más se convirtió en el mejor. Jordan simplemente aceptó la realidad y ajustó sus metas consecuentemente.

No obstante, antes de prepararte para conformarte y modificar tu meta, necesitas asegurarte de algo: *asegúrate de estar aceptando la verdadera realidad y no evitando el fracaso.* Muchas personas se detienen antes de realmente necesitarlo porque la amenaza de fracasar es demasiado dolorosa o demasiado decepcionante. En lugar de decir: «No logré el sueño», cubren su fracaso diciendo: «Me inventé un sueño diferente». Esto no es otra cosa que racionalizar… y un verdadero asesino de sueños.

Este es un mejor enfoque: *aprende a sacarle el aguijón al fracaso*. Al fin y al cabo, ¿qué tiene de malo decir que fracasaste? Nada en lo absoluto. Y además, tiene muchas cosas buenas. Cuando reconoces el fracaso, puedes aprender del mismo. Puedes analizar tu fracaso y descubrir qué salió mal la primera vez. Puedes probar métodos diferentes. Puedes recibir nuevas opiniones de personas y recursos que te rodean. Puedes comenzar de nuevo. Puedes prepararte para probar, y fallar, y probar y fallar y probar otra vez.

Así que di *no* a conformarte con menos y a nunca saber cuál podría haber sido tu potencial. Niégate a vivir en la tierra de los remordimientos, donde nunca nadie realmente intentó nada. En cambio, entra a la tierra de las metas altas, donde al final nunca pierdes.

La cita de Robert Bloch que aparece al principio de este capítulo se aplica a todos nosotros: *Cualquier cosa que requiera toda la atención vendrá acompañada de una cautivante distracción*. Si tu aspiración merita toda tu atención, está garantizado que habrá distracciones, personas tóxicas y voces en tu cabeza, y todos intentando desviarte. La única manera de tener éxito es *decir no a cualquier cosa que te desvíe de tus metas y sueños*. Aprende la habilidad de decir no a estas fuerzas y a decir sí al sueño que Dios ha puesto en tu corazón. Si él plantó la semilla dentro de ti, él la hará florecer:

> *Yo anuncio el fin desde el principio;*
> *desde los tiempos antiguos, lo que está por venir.*
> *Yo digo: «Mi propósito se cumplirá,*
> *y haré todo lo que deseo» (Isaías 46:10).*

7

Puedes lidiar con el fracaso

7

*El aprendizaje comienza con el fracaso, el primer
fracaso es el principio de la educación.*
JOHN HERSEY

Déjame pedirte que tomes un instante para hacer una reflexión honesta. Busca un lugar tranquilo donde puedas pensar sin distracciones y responde estas tres preguntas:

Cuando fallaste, ¿qué hiciste como resultado?

¿Te sentiste mal contigo mismo?

¿Te retractaste de la búsqueda en lo que fracasaste?

¿Estás haciendo ahora las cosas en las que fallaste entonces?

¿Estás haciéndolo con éxito?

¿Hay algo que te gustaría hacer ahora que no estés haciendo porque pudieras fallar?

Cómo respondas a esas preguntas, o más exactamente, cómo hayas vivido las respuestas a esas preguntas, tiene el poder para determinar dónde terminas en la vida. Tus respuestas determinarán tu éxito en las esferas que más te interesen. En este capítulo exploraremos las maneras positivas en que puedes lidiar con los inevitables fracasos de camino a tus metas.

LA MISMA HISTORIA CON FINALES DIFERENTES

Un día en un seminario hablé con una mujer que estaba desanimada con respecto a las relaciones. Se había alejado del escenario de las salidas luego de unos pocos rechazos y ahora prácticamente no tenía esperanzas de encontrar una relación en al futuro.

Al comienzo del año ella había decidido mejorar sus salidas prácticamente inexistentes. Se puso varias metas extraordinarias para echar a andar las cosas. Incluso, se rodeó de un grupo de apoyo y se unió a un servicio de citas para conocer gente nueva. Encontró un par de partidos y salió con ellos. Pasó un tiempo bastante bueno y esperaba una segunda salida con ellos. Pero nunca hubo llamadas. Los hombres no querían salir con ella la segunda vez. Ambos siguieron con sus vidas.

La mujer estaba devastada. Se alejó de sus amigas que le daban apoyo y dejó de revisar su correo electrónico con relación a actividad en el sitio de citas. Se convirtió en una especie de «desaparecida en acción» en el mundo de las citas. Pero peor que eso era que se sentía terrible.

Cuando le pregunté lo que pasaba por dentro, dijo cosas como: «Soy una fracasada. Nunca nadie me va a querer. No sé ni por qué lo intenté. Nunca va a funcionar, siempre estaré sola».

Yo no tenía mucho tiempo para hablar con ella, pero ninguna de mis sugerencias ni del ánimo que le daba parecía ayudar. Estaba convencida. Desde su punto de vista, era algo irremediable y nunca sería diferente.

Pasada una semana estuvo conversando con otra mujer que se comprometió a reavivar una vida de relaciones estancada. Ella también tenía algunas metas y se unió a un servicio de citas.

Al principio no pasó nada. No tenía respuestas. Pero en lugar de verse como una fracasada, se preguntó: «¿Me pregunto qué anda mal con la manera en que estoy haciendo esto?» Llamó a una amiga que había tenido éxito con las citas en línea y obtuvo su ayuda para volver a escribir su perfil.

Pronto comenzaron a aparecer partidos. Le gustaron dos de los hombres con quienes salió y les escribió diciéndoles que había pasado un tiempo excelente y que le encantaría volverlos a ver. Pero nada sucedió. Al parecer ninguno de los dos quería verla de nuevo.

«Caramba», se dijo ella. Pero continuó con las citas.

Entonces apareció otro hombre en el escenario y salieron una noche. A ella le gustó y él la volvió a llamar. Y otra vez, y otra vez y otra vez. Ella estaba pasando un buen tiempo y este hombre estaba comenzando a gustarle mucho. Por ahora todo bien. Hasta que… recibió un correo electrónico que decía: «Ha sido muy bueno salir contigo, pero no veo que tengamos futuro. Espero que estés bien y buena suerte».

En este caso ella pensaba que las cosas iban bien y en cambio enfrentaba la clásica situación de «seamos amigos». Aturdida y desconcertada, la pobre mujer quedó en un pequeño shock. Estuvo triste durante un tiempo y lloró un poco con sus amigas. Entonces se reorganizó y vino a mí en busca de ayuda.

Me explicó sus sentimientos. «Bueno, esa experiencia fue difícil. Ese hombre realmente me caía bien. Yo pensaba que las cosas estaban empezando a congeniar y todavía no sé qué pasó». A medida que ella comenzó a abrirse descubrimos uno de los problemas. Su desesperación hizo que ella se convirtiera en alguien demasiado complaciente con él. Al esforzarse tanto para agradarle a él, cada vez era menos ella misma y, por tanto, menos interesante. Como era de esperarse, él perdió el interés y siguió su camino.

Sin embargo, ella aprendió de eso y la próxima vez actuó de manera diferente. Se relajó y fue más ella misma. Como resultado, encontró mayor libertad en las salidas. No estaba atada por causa de su preocupación de si el hombre estaba interesado, sino que en cambio se permitió ser ella misma, de manera auténtica, en el proceso de las citas. Ese fue un gran paso en el crecimiento para ella.

Entonces sucedió. Me llamó un día y me dijo: «Creo que lo encontré». ¿Y sabes qué? Tenía razón. Se casaron un año después.

Coincidentemente esa misma semana me volví a encontrar con la primera mujer. «¿Cómo van las salidas?», le pregunté pensando que a estas alturas ella le hubiera dado un vuelco.

De inmediato me di cuenta de que no era el caso. Sus ojos comenzaron a aguarse y la barbilla comenzó a temblar. «No muy bien», dijo. «No muy bien».

Me identifiqué con ella y le pregunté si quería hablar al respecto. Lo hizo y escuché una historia muy triste. No había salido con nadie desde aquel rechazo de hacía más de un año. Todavía sentía que era un fracaso y que nadie la querría jamás.

Recordé la última vez que hablamos y lo que había ocurrido. Entonces me di cuenta. Ella y la segunda mujer tenían exactamente la misma historia, hasta un punto. Ambas experimentaron una etapa en la que nada bueno pasaba. Ambas se habían comprometido a cambiar eso. Ambas se pusieron en actividad y se lanzaron al juego. Ambas recibieron alguna respuesta inicial y ambas tuvieron un par de citas. Pero fue ahí donde acabaron las similitudes. *A partir de ese punto una perdió la esperanza y dio mil pasos hacia atrás y la otra siguió en pro de su meta.* La misma historia, resultados muy diferentes. ¿Cuál fue la diferencia?

¿Era una mujer más interesante? ¿Más atractiva? ¿Más llamativa en algún sentido? ¿Es por eso que alcanzó su meta mientras que la otra no? En lo absoluto. Los resultados los determinaron la manera en que estas mujeres respondieron a las preguntas que mencionamos al comienzo de este capítulo. Mira la manera en que ellas respondieron a estas preguntas y verás cómo respondieron al fracaso de maneras muy diferentes.

P: Cuando fallaste, ¿qué hiciste como resultado?

R: Una se alejó y renunció, y la otra aprendió de su fracaso y siguió adelante.

P: ¿Te sentiste mal contigo misma?

R: Una se vio como una fracasada y la otra no.

P: ¿Te retractaste de la búsqueda en lo que fracasaste?

R: Una sí, la otra no.

P: ¿Estás haciendo ahora las cosas en las que fallaste entonces?

R: Una no, y la otra está feliz en una relación.

P: ¿Lo estás haciendo con éxito?

R: Una no y la otra sí.

P: ¿Hay algo que te gustaría hacer ahora que no estés haciendo porque pudieras fallar?

R: Una quisiera tener citas o una relación. La otra ya no tiene que preocuparse por eso y ha pasado a otras metas.

Estas dos mujeres hicieron exactamente lo mismo, hasta un punto: el punto del fracaso. Y a partir de ese punto, una pasó al éxito y la otra no. Cómo responder al fracaso es una de las lecciones más importantes que puedes aprender en la vida. Y esa es la lección de este capítulo.

Algunas cosas en la vida son seguras, o, así es casi todo

Todos hemos escuchado que dos cosas en la vida son seguras: la muerte y los impuestos. Aunque eso es verdad, hay otra certeza: el fracaso. Es un axioma absoluto. Es la naturaleza de todas las cosas. De hecho, sin fracaso nunca triunfamos.

Piensa en las cosas que haces bien. Probablemente camines bien, por ejemplo. Y cuando comes, es probable que lleves a tu boca la mayor parte de tu comida. Pero no siempre fue así, ¿verdad? Si tuviéramos el vídeo de tu vida, te veríamos como un niño pequeño atravesando el proceso de caminar y comer, que se diferencia mucho de tu nivel actual de desempeño. Muchos de tus pasos acabaron contigo de bruces. Gran parte de la pasta que comiste acabó en tus mejillas y barbilla. Si todavía caminas y comes como lo hacías entonces, una segunda cita sería una rareza para ti. Pero caminar y comer no representa un problema en tus citas actuales. ¿El motivo? Has sacado el fracaso de esas esferas de tu vida. Has hecho algo que se llama «aprendizaje».

El proceso fue así: lo intentaste y no salió bien. Diste tres o cuatro pasos y luego te sentaste en un lugar cómodo. Obtuviste un mal resultado. Tus padres te dijeron: «No es nada. Prueba otra vez». Lo intentaste de nuevo y te acercaste un poquito más a la meta antes de caerte en la alfombra. Tus padres te ayudaron a levantarte y esta vez caminaste tres metros, hasta el sofá. Tus padres aplaudieron. Y con la comida tuviste un progreso similar. Después de que muchos fideos se cayeran de la mesa, al piso, en tu ropa, por fin lograste que la mayoría de la pasta entrara en tu boca y lograste que se quedara ahí. Tus padres aplaudieron y dijeron: «¡Muy bien!» En breve, aquellas tareas complicadas se volvieron algo natural. Caminabas y comías sin hacer un esfuerzo consciente y a nadie le parecía algo extraordinario. De hecho, llegaste al punto en que hacías esas tareas tan bien que tus padres incluso trataron de refrenarlas: «¡No te comas ese caramelo antes de la comida y no te salgas del patio!» El éxito trae sus propios problemas.

La idea es que cualquier cosa que ahora es natural para ti, en un tiempo fue una tarea de enormes proporciones y fracasaste las primeras veces que lo intentaste.

Fallar en esas tareas no significó más nada para ti que «inténtalo otra vez». El fracaso no tuvo una interpretación personal en cuanto a tu amabilidad, tu habilidad o tus sentimientos con relación a ti mismo o el mundo en general. El fracaso simplemente significó que todavía había que aprender la tarea. Todo lo que ahora haces de forma natural ha pasado por ese proceso. No lo hiciste bien la primera vez y, no obstante, lo hiciste una y otra vez hasta que lo entendiste. Esa es la naturaleza de la vida. Lo intentamos, no sale bien y lo intentamos de nuevo hasta que sale bien. Entonces, cuando se aprende la tarea, nos olvidamos del proceso y simplemente lo hacemos, disfrutando el resultado de la habilidad que por fin hemos dominado.

Por ejemplo, hay personas que buscan citas para divertirse. No piensan ni una vez en el rechazo ni en que la salida no esté resultando. Solo lo hacen y lo disfrutan. La razón es que han aprendido cómo hacerlo y ahora es algo natural para ellos. El nerviosismo de la adolescencia, la timidez y las dudas son cosas del pasado. Se han vuelto veteranos experimentados.

De hecho, la segunda mujer, la que aprendió bien lo de las citas y acabó casada, me dijo: «El cambio llegó cuando comencé a no dejarme afectar por el rechazo. Siempre había permitido que el rechazo me destruyera. Pero mientras más seguía con el programa, menos me molestaba porque sabía que tenía un camino y que un rechazo era simplemente un paso al siguiente. En realidad, el rechazo a veces se volvió cómico».

Lo mismo sucede con las personas que tienen éxito al hablar en público, hacer ventas por teléfono, jugar en campeonatos de golf, iniciar un nuevo negocio, entrevistarse para un trabajo nuevo o lo que sea. Han pasado por la parte del fracaso y ahora saben cómo hacer el trabajo. *Pero no pasaron por alto la parte del fracaso.* Sus tropiezos y caídas sin duda están en el vídeo, pero a quienes no les va bien la mayoría de las veces se quedan estancados porque no han pasado con éxito por el ciclo del fracaso. Ahí se quedaron colgados.

La diferencia entre los ganadores y aquellos que no ganan no es que los ganadores no fracasan.

Ambos fracasan pero los ganadores lo ven como normal, lo pasan y lo dejan atrás. Los otros se quedan atascados, no porque sean incapaces de hacer lo que sea que están intentando sino porque son incapaces de manejar el fracaso.

La lección número uno sobre el fracaso es esta: *lo que sea que quieres hacer, fracasará en el principio.* Acepta esa realidad. Esa es la naturaleza del mundo. Todo funciona de esa manera. Por supuesto que siempre puedes señalar excepciones, como la persona que batea un jonrón cuando batea por primera vez, o algún otro ganador improbable. Pero esas son las excepciones que prueban la regla. De cien ganadores, noventa y nueve te dirán que el fracaso fue el camino al éxito.

Veamos nueve pasos que puedes dar para hacerte dueño de tu vida por completo, comenzando con el fracaso.

Primer paso: Normaliza y trata con el fracaso

Para hacerte dueño de tu vida y llegar a donde quieres estar, *tienes que hacerte dueño de tu fracaso*. Hacerte dueño de este quiere decir que lo abraces, lo lleves a casa y digas que es tuyo; lo cuides, lo alimentes. Es como comprar una casa o un carro. Ya no estás alquilando, es *tuyo* y nadie más es responsable del mismo. Lo bueno es que ya que eres dueño de tu propia vida, puedes añadirle valor, mejorarla, controlarla y, al final, cosechar los beneficios de eso. Si no eres propietario, lo único que puedes hacer es quejarte con el dueño, lo cual, como hemos visto, es lo que muchas personas hacen con sus vidas. Actúan como si alguien fuera dueño de sus vidas y ellos fueran inquilinos. Así que cuando las cosas no salen bien, solo se quejan. El problema es que tienen que vivir en su vida, así que tiene sentido que se apropien del fracaso para poderlo arreglar.

Entonces, el primer paso es normalizar el fracaso. Acepta la realidad de que es una parte normal de la vida. Haz eso y no te caerás del caballo cuando algo no funcione. No te sorprenderá. Lo aceptarás, tomarás la mano de Dios y saldrás a resolver ese problema. Si tienes problemas para reconocer la realidad de un problema inevitable, recuerda las palabras de Jesús: «En este mundo afrontarán aflicciones, pero ¡anímense! Yo he vencido al mundo» (Juan 16:33). Espera los problemas y el fracaso, pero también espera que cobrar ánimo y unirte a él para solucionarlo te ayudará a pasar lo peor y llegar a tu meta.

¿Por qué no todo el que encuentra fracasos se pone en pie y lo intenta de nuevo? ¿Por qué una mujer recibe rechazo en un par de citas y sigue adelante hasta encontrar el amor de su vida mientras que otra que recibe el rechazo se rinde? ¿Por qué una persona que hace una llamada para vender recibe un rechazo y luego, ese mismo mes, hace una venta grande mientras que otra persona se rinde? La respuesta: una ha normalizado el fracaso y aprendido a lidiar con él mientras que la otra no. Veamos por qué y cómo.

Segundo paso: Investiga qué significa el fracaso para ti

Ahora que has aceptado el hecho de que el fracaso es normal en el proceso de obtener el éxito, estás listo para el próximo paso. Pero antes de dar ese paso, preparemos el camino explorando unas pocas preguntas para revisar tu manera de pensar sobre lo que sucede cuando fracasas.

¿Qué sientes cuando fracasas? (En otras palabras, cuando te rechazan en una cita o no concretas el negocio o tu aventura se va a la bancarrota.)

¿Te sientes mal y te abates? (No una mera desilusión sino un juicio sobre ti mismo que te lanza a estados emocionales paralizantes.)

¿Se va toda la esperanza? (Un sentimiento de que las cosas nunca serán diferentes.)

¿Te dices a ti mismo que eres un perdedor? (El diálogo interno te lleva a ponerte a ti mismo una etiqueta general y crítica.)

¿Crees que el éxito es para otros y no para ti? (Crees que estás perdiendo algo que los demás tienen.)

¿Crees que no hay respuesta para tu dilema? (Va más allá de lo que puedes aprender o llegar a desarrollar, sin importar cuánto te esfuerces.)

¿Te sientes culpable? (Un sentimiento que te atormenta de que debieras haber sido capaz de hacerlo.)

¿Sientes que todo es culpa tuya? (Un sentimiento acusador, que abochorna y que condena.)

¿Pasas a la posición de que «todo es malo»? (Perdiendo de vista tus capacidades, puntos fuertes, talentos y aptitudes.)

¿Comienzas a odiar a Dios y a pensar que no te apoya? (El sentimiento de que Dios te ha decepcionado o de que tiene algo en tu contra.)

Muchas personas responden de esta manera al fracaso porque *lo interpretan como algo con significado específico y dañino.* Pero como mostramos anteriormente, esta es una manera equivocada de ver el fracaso. El significado adecuado del fracaso es que es una experiencia de aprendizaje, un tiempo para aprender sobre uno mismo, para aprender las habilidades que se necesitan para dominar un empeño que queremos lograr o para aprender más sobre la naturaleza del mismo. Pero en lugar de verlo como un tiempo para aprender, muchos interpretan el fracaso de otras maneras que los llevan a dejar de intentarlo, como muestra la lista anterior. Por lo general esas interpretaciones negativas provienen de nuestras experiencias anteriores. El fracaso ha adquirido un significado negativo por experiencias dolorosas en nuestras familias mientras crecíamos o en otras relaciones significativas.

Los significados que el fracaso tienen para nosotros provienen de nuestras experiencias y relaciones pasadas. Estas nos afectan en varias categorías significativas: la manera en que nos vemos a nosotros mismos, la manera en que vemos a los demás, nuestra visión del mundo y de cómo este funciona y nuestra visión de Dios. Cuando entramos en situaciones nuevas, las experimentamos según esos filtros, sistemas de creencias, reacciones emocionales y patrones de conducta que hemos construido mediante experiencias pasadas de fracaso o dificultad.

Por ejemplo, si mis experiencias me han hecho sentir como un perdedor, entonces llevo esa creencia a situaciones nuevas. Si fracaso en un nuevo empeño, experimento ese nuevo fracaso como una confirmación de mi creencia negativa sobre mí mismo. «¿Ves?, yo lo sabía. *Soy* un perdedor. Nunca lograré hacer que algo funcione. Simplemente no soy capaz». O puede que tengamos una mala experiencia con una persona y eso significa para nosotros que «la gente siempre me hiere o me defrauda». O «Dios está en contra mía» o «El mundo en sí es demasiado difícil de entender. No hay forma verdadera de hacer que las cosas salgan bien».

Estos significados se convierten en parte de nuestro carácter y viven en nuestros corazones, mentes y almas. Funcionan de inmediato y de manera subconsciente, sin que siquiera estemos conscientes de que los estamos siguiendo. Nos hacen vivir patrones de conducta y decisiones que se corresponden con esos significados en particular. Reaccionamos a la defensiva, de manera protectora, agresivamente o nos salimos del juego y dejamos de intentarlo. Esto sucede porque las experiencias de nuestra vida han infundido estos significados de fracaso en nuestro carácter y cuando fallamos, estos automáticamente aparecen y toman el poder. Perdemos nuestra capacidad de escoger y reaccionar.

Mira tu historial de probar cosas en las esferas en las que sientes que no sirves. Analiza las esferas que más te deprimen y en las que has dejado de intentarlo. Esos son los aspectos en los que es muy probable que estés funcionando de acuerdo a mensajes y experiencias antiguas. Descubre cuáles son. Escucha tus pensamientos y las voces en tu cabeza. Observa tus sentimientos con relación a esos aspectos. Aprenderás la razón por la cual te has rendido o te has sentido tan negativo con relación a intentar de nuevo. Cuando reconozcas de dónde provienen estos antiguos mensajes, puedes rechazarlos y liberarte de ellos. Puedes obtener apoyo y reconocimiento de personas en tu equipo y reelaborar la manera en que piensas y sientes. Pero si tratas estos viejos y falsos mensajes como si fueran realidad, entonces se convertirán en realidad. «Nunca puedo ganar» se convierte en una profecía que acarrea su propio cumplimiento.

Tercer paso: Sigue adelante y dilo: «Fracasé».

El primer paso para dejar atrás el fracaso es llamarlo por su nombre. Pero con demasiada frecuencia estos significados negativos que aplicamos al fracaso nos avergüenzan tanto que sentimos miedo de ver el fracaso como una realidad. Sentimos miedo de decirlo:

«Fracasé».

«No funcionó».

«Lo eché a perder».

«Ay… ¡no sabía lo que estaba haciendo!»

«Metí la pata».

«No tenía idea de lo que estaba haciendo. ¡Tengo mucho que aprender!»

¿Qué tiene eso de difícil? En realidad no tener que escondernos del fracaso sino aceptarlo y reconocerlo es algo que capacita y que libera. Observa a las personas que lo hacen. Mira los ganadores que se ríen de sus fracasos. Están relajados y cómodos porque han dejado el negocio de proteger la imagen. Y… ¡son tan atractivos! Es mucho más fácil relacionarse e identificarse con personas que se adueñan de *sus* errores y hablan de ellos. No se quedan enganchados en el negocio de intentar impresionarse a sí mismos o a otros. En cambio, lo que les interesa son los resultados. Las personas así son muy refrescantes y lo bueno es que tú puedes ser como uno de ellos.

Rodéate de personas que sean honestas con relación a sus fallos. Son contagiosas. Te van a gustar y te ayudarán a sentirte más cómodo cuando enfrentes los tuyos. Entra en la tierra de la libertad… donde puedes reconocer la imperfección. Es un lugar maravilloso y otros te respetarán y les agradarás por estar allí.

Hace poco nuestra empresa de alojamiento de páginas web tuvo una falla en el hardware. Fue terrible. Durante un buen tiempo no tuvimos servicio de Internet ni correo electrónico. Cuando sucedió nos quedamos sorprendidos, aunque no abatidos, porque nos dijeron que sería solo un día. Pero al día siguiente las noticias eran peores. Sus servidores y servidores de respaldo habían fallado y ahora se decía que la reparación demoraría más. Ya que trabajamos con editoriales y organizaciones de todo el país, no tener correo electrónico significaba estar cerrados y sin poder funcionar. En ese momento las cosas fueron de mal en peor, a medida que los grupos y los medios de comunicación trataban de obtener respuestas de nosotros acerca de conferencias y otros asuntos apremiantes. Pero no había mucho que pudiéramos hacer.

Llamé al director de la empresa de información que nos conectó con esta empresa de alojamiento de páginas web y le pregunté: «¿Por qué estamos con una empresa que permite que esto suceda? ¿No podemos buscar a otra gente?»

Él me aseguró que para los servicios que necesitábamos, esta empresa era la mejor y que ellos tenían toda su confianza. Él describió los hechos que causaron el fallo como la «tormenta perfecta» y dijo que no había nada razonable que ellos pudieran haber hecho para prevenirlo. Su mensaje fue que esperáramos. Yo confiaba en él, pero estaba un poco más que molesto con la empresa de alojamiento de páginas web.

Entonces la situación empeoró. La empresa de alojamiento de páginas web nos había dicho que se recuperaría toda la información cuando todo estuviera funcionando nuevamente. Pero sucedió lo inconcebible: me llamaron y me dijeron que habían recuperado la información de todo el mundo… excepto la mía. La mía no estaba. La había perdido para siempre. Mi programa, mis correos electrónicos, la correspondencia archivada de cada organización con la que trabajo, etc., etc. Todo lo que vivía en el servidor había desaparecido para nunca más volverse a ver. Yo no podía creer lo que estaba escuchando.

Afortunadamente, descubrí que el respaldo completo de la computadora que me obligo a hacer semanalmente, lo había guardado todo. Terminé perdiendo solamente un día y medio de correo entre mi último resguardo y la falla. Volvimos a funcionar nuevamente, nos disculpamos con todo el que había estado esperando por nosotros y seguimos adelante. Pero en ese momento mi confianza para con nuestra empresa de alojamiento de páginas web era menos de cero. No solo estuvieron sin funcionar, ¡sino que permanecieron así una semana! Y luego, encima de todo eso, habían borrado mi vida. De todas maneras yo quería que mi empresa de informática buscara una nueva empresa de alojamiento de páginas web.

Pero entonces, todo cambió.

Recibí un correo electrónico del presidente de la empresa de alojamiento de páginas web, un mensaje que envió a todas sus cuentas. No voy a consumir espacio imprimiendo la carta, pero a continuación presento los elementos esenciales de la misma:

- Realmente metimos la pata. No estábamos preparados para lo que sucedió. Fue un error nuestro.
- Lamentamos mucho el trastorno que esto les causó.
- Gracias a todos los que llamaron y nos expresaron su frustración, diciéndonos las cosas que pudiéramos haber hecho mejor para darles servicio.

- Durante todo el proceso tomamos innumerables notas para aprender de lo sucedido.
- Esto es lo que aprendimos que debimos haber hecho de modo diferente.
- Esto es lo que hemos hecho para reparar la vulnerabilidad y corregir esos errores.
- Esto es lo que aprendimos que hicimos bien.
- Estos son los cambios que estamos haciendo.
- Estas son algunas sugerencias para que ustedes también se protejan a sí mismos.
- Comprenderemos si usted quiere cambiar de empresa, y si lo hace, con gusto les ayudaremos a hacer la transición lo menos dolorosa posible.

De inmediato cambió toda mi actitud. Yo estaba tratando con un ganador y no con un perdedor. Sentía que mientras este hombre estuviera dirigiendo la empresa, yo estaba en buenas manos. ¿Por qué, acaso él nunca fracasó? No. Porque cuando él fallaba, se hacía dueño del fracaso, lo reconocía y lo aceptaba para aprender del mismo. Usó su fracaso como un paso a la meta de convertirse en una gran empresa. Eso fue lo que me dio confianza, no el hecho de que no hubiera cometido errores. Prefiero una persona que cometa errores y sepa qué hacer con el mismo en cualquier momento a alguien que no se hace dueño de sus fracasos.

¿Puedes ver otra empresa excusándose, culpando y no haciéndose dueña de su fracaso en una crisis como esta? «¡No es culpa nuestra! Son los fallos en la corriente, los horribles proveedores de hardware, la naturaleza complicada de Windows. Llame al fabricante o a su proveedor de software, esto no es problema nuestro». Las excusas así son las primeras en la línea de defensa de la mayoría de las mesas de ayuda técnica. «Otra persona es responsable, no nosotros. No es culpa nuestra».

Pero en este caso había un ganador. De inmediato le escribí una carta al presidente de esa empresa y le di las gracias por su responsabilidad y liderazgo. Le dije que esa era la razón por la cual nuestra empresa se quedaba con ellos.

Te insto a unirte a los ganadores que se hacen dueños de sus fracasos y aprenden de ellos. Toda la energía que consumiste protegiéndote del fracaso, o defendiéndote cuando fracasaste, o golpeándote porque fracasaste, se canalizará para resolver problemas y aprender de ellos.

Cuarto paso: Aprende de él

En la historia de la empresa de alojamiento de páginas web podemos ver lo que a mí me gusta denominar la «autopsia» de una experiencia de fracaso. Cuando algo no sale bien, no te des una paliza ni hagas un enorme drama. ¡Úsalo para tu propio provecho! Gastate mucha energía y probablemente dinero, tiempo, recursos, igualdad de relaciones y otros activos en esta lección. Así que exprímele todo lo que puedas. Descubre cosas como estas:

• Lo que hiciste mal
• Lo que hiciste bien
• Lo que te perdiste en el camino
• Qué decisiones tomaste que no quieres tomar otra vez
• Por qué las tomaste y qué debilidades contribuyeron a esos errores
• Qué apoyo te habría ayudado
• Qué nuevas habilidades necesitas desarrollar para hacerlo de manera diferente la próxima vez
• Qué maestro, mentores o consultores pudieras querer contigo
• Qué cosa en esta situación revela un patrón que has visto antes
• Qué puntos ciegos tienes tú o tienen los demás que llevaron a esto

En mis conferencias y consejería sobre el matrimonio, las citas y las relaciones, veo repetirse un tema. Algunas personas que experimentan una relación fracasada repiten ese mismo fracaso con cada nueva relación que encuentran. No aprenden. Siguen sin tratar las cosas que contribuyeron al último fracaso. Otras, sin embargo, descubren su contribución al problema, aprenden del mismo mediante consejería o grupos de recuperación del divorcio, hacen el trabajo necesario y luego siguen adelante para hacer mejores elecciones. Aprenden de cada error para no tener que cometerlo otra vez.

Hemos visto que los errores son normales. Son el progreso del aprendizaje. Recuerda el segundo grado y los errores que cometiste mientas aprendías a leer, a escribir o a hacer matemática. ¿Qué habría pasado si simplemente hubieras ignorado esos errores? ¿Y si tu maestro te hubiera permitido seguir el camino sin corregirlos? Habrías cometido los mismos errores nuevamente y repetirías el grado una y otra vez. Entonces, en la vida real, habrías enfrentado todo tipo de problemas, desde la incapacidad para obtener un trabajo hasta la incapacidad para hacer que tus finanzas funcionen. En otras palabras, *repetiremos el error mientras que no aprendamos a hacerlo bien*. Sin embargo, si aprendes de tu error, puedes corregirlo y pasar al próximo grado, el próximo nivel de relación o el próximo nivel en el trabajo.

Quinto paso: Busca el perdón

Existe una ley inmutable en el universo que sale de la Biblia: lo que esté bajo juicio no mejora. Empeora. En otras palabras, mientras te sientas culpable y condenado por tu fracaso, la situación no mejorará. Seguirá igual, en el mejor de los casos, o empeorará. Está bajo la ley de la condenación. No mejorarás por sentirte culpable, estar enojado contigo mismo, avergonzado, temeroso o cualquiera de esas emociones negativas. Solo mejorarás al encontrar gracia o «favor inmerecido» de parte de Dios y de otras personas. Al aceptarte «en tu fracaso», el dolor y el poder de la condenación se irán y quedarás libre para mirar al problema en lugar de tu culpa y temor.

Para ilustrarlo, digamos que una niña comete un error en su tarea de matemática. Cuando su papá ve el error, comienza a recriminarla, la humilla y la hace sentir culpable. ¿En qué crees que está ella concentrada en ese momento? ¿En aprender matemática? No lo creo. Todo su ser está concentrado en lo mala que es, en que es una fracasada, en cuánto temor siente de su padre o cuán molesta está con él, que él es un imbécil, que detesta la escuela y que quiere huir, etc., etc. Lo que está pasando por su cabeza es cualquier cosa menos mejorar en la escuela. La ira y la condenación solo han hecho una cosa: han desviado el foco del asunto real, que es el desempeño de la niña en matemática.

Para mejorar en los aspectos del fracaso, debes recibir perdón y gracia. Tienes que tratar con las personas y con Dios y entender el mensaje más libertador del mundo entero: si quieres perdón, Dios lo da. Él te perdona por cualquier cosa que hagas. Y la gente buena hará lo mismo. Pero para entender ese perdón, tienes que hablar con esas personas. Tienes que abrirte a ellas, confesarles y permitirles que te conozcan y te amen en tu fracaso.

Deja de tapar el sol con un solo dedo, quítate la máscara. Habla con algunas personas confiables sobre tus fracasos y muéstrales la realidad de quién eres. Cuando ellos te acepten, también aprenderás a aceptarte a ti mismo. Entonces se irá el dolor del fracaso y surgirá la libertad para ser mejor. Te verás como Tiger Woods en el campo de práctica, dando un golpe y mirando hasta dónde fue la bola. No te lo vas a encontrar golpeándose y sintiéndose culpable por un golpe que lanzó la bola a una zona de matojos. Simplemente corrige su movimiento para que el próximo golpe sea mejor.

Si no encuentras perdón fuera de ti mismo, entonces no lo tendrás dentro. Se necesita el perdón de otros para afirmar la percepción de nuestro propio valor cuando fracasamos. Pídeselo a Dios, él te lo dará. Pero, además, muestra a otros tus fracasos e interiorizarás su amor.

Si les has fallado a otros, ve a ellos y hazte dueño de tu error y pídeles perdón. Si hay algo más que hacer, repara las faltas. Corrígelas. Al hacerlo, ayudarás a los que les has fallado en la misma manera en que les fallaste. Además, quedarás restaurado ante ellos, vencerás tu propia culpa y te convertirás en una persona completamente diferente a la que les falló. Al buscar perdón y reparar las faltas, te conviertes en un agente de sanidad para la persona que heriste y esa es una enorme mejoría, no solo para ti sino para la relación y para la persona a quien le fallaste. Dios ve el perdón y la reparación de las faltas como algo tan importante que nos dice que estemos bien con otros antes de intentar llegarnos a él: «Ve primero y reconcíliate con tu hermano; luego vuelve y presenta tu ofrenda» (Mateo 5:24).

Sexto paso: Examina tus respuestas

Hemos visto cuán importante es examinar el significado que le atribuyes al fracaso porque los sentimientos negativos y las conclusiones pueden hacer que te quedes atascado. El próximo paso es descubrir qué hacer en ese punto. Para hacerlo, debes evaluar esos sentimientos y conclusiones. Cómo afectaron tus respuestas al fracaso y qué puedes hacer de manera diferente.

Cuando fracasas tú:

- ¿Te distancias?
- ¿Te enojas contigo mismo?
- ¿Te enojas con otra persona?
- ¿Te rindes?
- ¿No lo intentas de nuevo?
- ¿Cambias de rumbo impulsivamente?
- ¿Comes, tomas o te medicas de algunas manera enfermiza?
- ¿Buscas distracciones insignificantes que no te acercan más a lo que quieres?
- ¿Das excusas?

- ¿Culpas?
- ¿Evitas analizarlo y sigues negándolo?
- ¿Corres a un punto fuerte para hacerte sentir mejor en lugar de examinar tus debilidades?

Los significados negativos que das a tu fracaso y tus reacciones emocionales al mismo siempre generan patrones anexos de conducta. Debes descubrir tus propios patrones negativos y dar pasos para cambiarlos. Para hacerlo, es probable que necesites apoyo externo: de un grupo, de un compañero al que le rindas cuentas, de un consejero o una estructura externa. Los patrones viejos por lo general no cambian como resultado de la fuerza de voluntad o al hacer compromisos diferentes. Tales cambios requieren apoyo externo.

La vida de un adicto cambia cuando comprende que su patrón de respuesta al fracaso es volver a las drogas. Para cambiar este patrón de fracaso él debe asistir a una reunión para encontrar el apoyo que necesita para resistirse a la droga. Tiene que interrumpir su patrón predecible de respuesta al fracaso. Ir a la reunión en lugar de utilizar la droga, cambia el patrón. Para cambiar tus propios patrones, debes tener ese mismo tipo de estructura esperando al margen de tu vida, una estructura a la que puedas volverte en busca de apoyo cuando no venzas esos patrones en la lista mencionada anteriormente.

El consejo más importante que podemos darte en la lucha por cualquier meta debe ser hacerte estas preguntas: ¿Qué haré cuando el patrón de fracaso me golpee la próxima vez? ¿A quién llamaré o adónde iré? ¿Qué haré de manera diferente?

Cuando encuentres las respuestas a esas preguntas, tus posibilidades de triunfar aumentarán mucho.

Séptimo paso: Inténtalo de nuevo

En uno de mis seminarios de relaciones, un joven me dijo que el temor al rechazo le impedía invitar muchachas a salir. «No sé manejar el rechazo», dijo. «¿Cómo puedo evitarlo?»

Mi respuesta lo sorprendió. Le dije que necesitaba aumentar sus rechazos y no disminuirlos. Le dije: «Quiero que te rechacen un millón de veces porque si te rechazan muchas veces, significa que estás en la búsqueda. Y con todos esos intentos, es seguro que también pasarán muchas cosas buenas».

Recuerda, si el fracaso es parte del proceso, entonces mientras más fracasemos, más nos involucraremos en el proceso y más éxito tendremos.

La persistencia luego del fracaso es una clave enorme para el éxito. El capítulo que viene trata sobre la perseverancia y la persistencia, así que aquí no trataré ese tema en detalles. Pero cuando pensamos acerca del fracaso debemos incluir la persistencia porque cuando hay fracaso es cuando se necesita la persistencia. No la necesitamos cuando triunfamos, la necesitamos de camino al éxito cuando todavía no hayamos llegado allí. Al mirar el fracaso siempre necesitamos recordar que lograr la meta implicará muchos, muchos esfuerzos.

Octavo paso: Celebra el funeral

A pesar de los aspectos positivos del fracaso, debemos ser realistas y enfrentar el hecho de que en algunos casos el fracaso no es meramente un paso en el logro de una meta. Es una finalidad. El juego terminó. La empresa está en bancarrota. La relación ha terminado. No hay un próximo paso que se pueda dar para hacerlo funcionar porque no va a funcionar. Es el final del camino.

Los ganadores lo saben y lo aceptan. Aceptan el fracaso y pasan por el proceso de llorarlo. Expresan sus sentimientos al respecto, se enojan y se entristecen y siguen adelante. No hacen las cosas inútiles que dejan a la gente estancada, como ir tras algo muerto a lo que debió renunciarse o quedarse protestando por la realidad de lo que es inevitable o lo que ya ha ocurrido. Recuerda el ejemplo de la mujer que durante treinta años permaneció amargada por la pérdida de su relación. Debió haber celebrado el funeral y seguido adelante.

Salomón lo dice de esta manera:

Vale más ir a un funeral que a un festival. Pues la muerte es el fin de todo hombre, y los que viven debieran tenerlo presente.

Vale más llorar que reír; pues entristece el rostro, pero le hace bien al corazón.

El sabio tiene presente la muerte; el necio sólo piensa en la diversión (Eclesiastés 7:2-4).

Cuando tu meta está viva y tiene oportunidad de triunfar, lo correcto es perseverar. Pero cuando terminó, lo correcto es «ir a un funeral». Dice Salomón que el llanto puede ser bueno para el corazón. El llanto te permite procesar la pérdida y luego tu corazón estará disponible para cosas nuevas. Pero si no entierras la pérdida y la lloras, entonces el corazón se aferra al sueño muerto y no está disponible para ganar la próxima vez. La mujer que perdió una relación querida a los cuarenta no dejaba descansar su pérdida ni la lloraba. Se aferró al fantasma inútil de una relación muerta y así, durante treinta amargos y vacíos años, no estuvo disponible para una relación nueva. Como resultado de su incapacidad para lamentarse, esta mujer experimentó una pérdida mucho más grande que la pérdida de una relación. Ella pudo haber perdido una relación pero luego tener una vida. En cambio, perdió una relación y una vida.

Mira a tu fracaso o a tu pérdida directo a los ojos, ten el funeral, expresa tus sentimientos y dile adiós. Recuerda lo que dijo Jesús al recordar a la esposa de Lot. Ella no podía olvidarse de su vida anterior y por lo tanto, se convirtió en sal en lugar de alcanzar una vida nueva.

Cuando experimentes la muerte de un sueño, recuerda que no todo está perdido. Si has pasado por el proceso con sabiduría, has ganado algo muy valioso. Has ganado experiencia, aprendizaje, crecimiento en el carácter y las herramientas que necesitas para no tener que pasar por ese fracaso nunca más. Como nos dice Dios, *él puede sacar bien de todas las cosas y puede hacer que tu peor fracaso obre para bien tuyo.* Incluso, si todos tus tremendos esfuerzos acaban en el fracaso de una meta anhelada, nunca acaba en la nada si reaccionamos a la manera de Dios.[1]

A mí me gusta verlo de esta manera:

Un ganador se adueña de su fracaso y Dios se adueña de su vergüenza.

Cuando dejamos que Dios nos perdone, nos consuele y esté con nosotros en el dolor del fracaso, entonces podemos enfrentarlo y adueñarnos de él de manera que al final nos sea de ayuda. Dios toma la vergüenza del mismo al ofrecernos perdón y aceptación incondicional. Entonces podemos sufrir, no como los que no tienen esperanza sino como los que sí tienen esperanza porque sabemos que Dios está con nosotros.

Noveno paso: Aprende que puedes aprender

Existe una gran diferencia entre ser una víctima y un ganador. Las víctimas ven las cosas como son y piensan que siempre serán así porque sobre ellas actúan fuerzas incontrolables. Pero los ganadores tienen una actitud diferente, especialmente con relación al fracaso y a probar algo nuevo para ver si funciona mejor. Ellos saben una de las cosas más importantes que podemos saber jamás: *saben que pueden aprender.*

Si tu esperanza descansa en tus habilidades, entonces tienes un fundamento muy precario. Porque si tu sueño se logra porque eres capaz de lograrlo con éxito, pues todo está bien. Pero si pones en tu sueño todo lo que tienes y este no sale bien, entonces, ¿dónde queda tu esperanza? Has llegado al final de tu capacidad y no queda nada más que el fracaso.

Pero si tienes en tu paquete de herramientas otro instrumento de esperanza, tu capacidad de aprender, entonces prácticamente nada parece ser irremediable. Si ahora no puedes lograr tu sueño, puedes aprender cómo hacerlo. Los ganadores piensan así todos los días y no es simplemente una forma de jerga sobre la autoestima, es algo mucho más profundo. Es la esperanza en la misma naturaleza de la manera en que Dios creó el universo y nuestra relación con este. Es como tener esperanza en la fuerza de gravedad.

Dios hizo a los seres humanos con la capacidad de aprender de una manera más compleja que cualquier otra criatura. Podemos observar lo que necesitamos saber para lograr nuestra meta y luego podemos ir en búsqueda del conocimiento. Podemos aprender con un *propósito* en la mente. Él nos dio la capacidad no solo de lograr el propósito, sino también la capacidad de realizar el aprendizaje que se requiere para ello. *Puedes* aprender a hacer lo que necesitas hacer:

- Una pareja puede aprender a comunicarse.
- Una persona deprimida puede aprender a vencer la depresión.
- Un padre con un hijo descontrolado puede aprender a disciplinar con eficacia.
- Una persona sin una profesión puede aprender una nueva habilidad.
- Una persona con problemas de peso puede aprender a bajar de peso y quedarse así.
- Una persona sin fe puede aprender sobre Dios.
- Una persona con una evaluación mala en el trabajo puede aprender a trabajar mejor.
- Una persona con un patrón de relaciones fracasadas puede aprender las habilidades que necesita con respecto a las relaciones.
- Una persona que una y otra vez escoge gente mala puede aprender por qué sucede y cómo distinguir la gente mala.

Cuando sabes que puedes aprender, no tienes que sentirte atascado. Ves el fracaso como un paso para llegar al final porque te muestra que hay cierto tipo de información, habilidades o sabiduría o conocimiento que necesitas aprender para llegar allí. Y debido a que crees que puedes aprender, no eres irremediable sino que estás facultado.

Cada semana John y yo hacemos un seminario público que se llama «Soluciones». Hace años que lo hacemos y ahora está disponible en todo el país por transmisión vía satélite, quizá en un lugar cerca de donde te encuentras.[2] El estar expuestos a miles de personas en estos seminarios nos ha dado la oportunidad de escuchar algo repetidamente. Es el tema de una persona que pasa de la desesperanza a la realización mediante el *aprendizaje de la manera en que Dios hace la vida y la pone en práctica*. De continuo escuchamos a las personas decir cosas como: «Cuando llegué no tenía esperanza y ahora todo es diferente».

¿Qué es diferente? ¿Cambió el mundo? No, es el mismo. Lo que cambió es esto: encontraron que las palabras de Proverbios son ciertas cuando dice: «Así de dulce sea la sabiduría a tu alma; si das con ella, tendrás buen futuro; tendrás una esperanza que no será destruida» (Proverbios 24:14). *¡Oye eso!* Dice que *conozcamos* esta fuente poderosa de esperanza: *la sabiduría*. La sabiduría lleva a la esperanza.

Si crees que encontrar la sabiduría que se necesita para una situación determinada revelará una respuesta, entonces siempre tendrás esperanza en el poder del aprendizaje. Es una lección que te servirá durante el resto de tu vida.

Solo los mejores fallan

A menudo vemos personas que permanecen en un trabajo estable durante diez, veinte o treinta años. Puede que llamen a su trabajo una carrera, pero no lo es en realidad. En lugar de experimentar novedad y crecimiento durante cada uno de esos años, vuelven a vivir el mismo año diez, veinte o treinta veces. En su trigésimo año, no se diferencian en nada a lo que fueron en su primer año. No están probando nada nuevo y no están creciendo. Es lo mismo de siempre. A menudo se quedan estancados y nunca salen de esa rutina por temor al fracaso. Como resultado, nunca se vuelven mejores en nada, o lo que es peor, nunca alcanzan su propia «marca personal». Se niegan a fracasar y solo aquellos que fracasan llegan a ser los mejores.

Los que no se arriesgan a fracasar son muy diferentes a los que tienen trabajos estables, que han crecido cada año y han aprendido a lo largo del camino. Sus treinta años en el trabajo son todos diferentes, no los mismos que se repiten año tras año.

¿Qué harías si tu meta fuera una carrera política y te sucedieran estas cosas? El amor de tu vida se muere, sufres un ataque de nervios, fracasas como empresario, te derrotan cuando te postulas para legislador del estado, pierdes el trabajo, te derrotan cuando te postulas para vocero de la legislatura estatal, te derrotan en tu nominación para el Congreso, pierdes en la segunda nominación, te desaprueban para ser oficial del registro de propiedad, te derrotan al postularte para el Senado de los Estados Unidos, te derrotan en la nominación para vicepresidente, otra vez te derrotan en tu intento para ser senador.

¿Cómo te sentirías? ¿Abandonarías la carrera? ¿Creerías que eres un fracasado? ¿Creerías que estás loco al pensar que alguna vez lograrías algo en la política? ¿Te rendirías? ¿O te convertirías en el presidente de los Estados Unidos y en uno de los líderes más aclamados de todos los tiempos que negoció uno de los períodos más difíciles en la historia de nuestro país y salvarías, literalmente, al país que hoy conocemos? Si pudieras manejar el fracaso, lo harías. Serías Abraham Lincoln.

Lincoln conocía la verdad de la Biblia que dice: «porque siete veces podrá caer el justo, pero otras tantas se levantará; los malvados, en cambio, se hundirán en la desgracia» (Proverbios 24:16). Con fe y la comprensión de que el fracaso no es el final sino algo común a todas las personas buenas, tú también puedes levantarte y llegar a las alturas que Dios quiere para ti. ¡Quién sabe si quizá llegues a ser presidente!

8

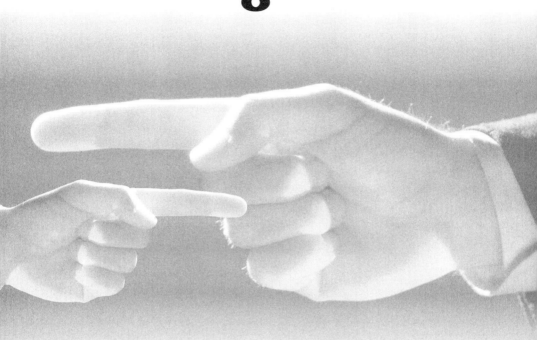

Puedes persistir
y perseverar

8

Puedes estar seguro de esto,
que solo tienes que resistir para vencer.
WINSTON CHURCHILL

Si eres como millones de personas alrededor del mundo, alguna vez en tu vida tienes que haber conducido o haberte subido a un auto o a una moto Honda. ¿Alguna vez te has preguntado cómo surgieron esos vehículos? ¿Acaso un tipo llamado Honda se sentó a pensar un día, diseñó un automóvil, salió a la calle y se lo vendió a un comerciante de tu barrio que después te lo vendió a ti? No fue así la historia.

Soichiro Honda, a fines de la década de 1930, construyó un pequeño taller cuando todavía era un estudiante. Estaba desarrollando la idea del anillo del pistón y quería vendérsela a Toyota. Trabajaba tanto en su diseño que a menudo dormía en el taller. Después de casarse no abandonó la idea, a pesar de tener que empeñar las joyas de su esposa para reunir el capital que le permitiera trabajar. Pero cuando al fin presentó una muestra de su trabajo a Toyota, los ingenieros se rieron de su diseño. Sin embargo, Honda no se rindió. En vez de enfocarse en su fracaso, volvió a la escuela y siguió diseñando. Luego de dos años obtuvo un contrato en Toyota. Ahora necesitaba una fábrica. Por desgracia, el gobierno se estaba preparando para la guerra y Honda no pudo encontrar materiales de construcción. En vez de desistir, inventó un nuevo proceso para hacer el concreto que le permitiría construir su fábrica.

Entonces bombardearon la factoría dos veces.

¿Acaso esto detuvo a Honda? No. Reunió lo que llamó «regalos del presidente Truman», latas de gasolina que los militares americanos habían descartado, las que se convirtieron en su nueva materia prima para su proceso de manufactura y reconstrucción.

Entonces un terremoto destruyó la fábrica.

¿Por fin se rindió Honda? El Japón de la posguerra estaba experimentado una extrema escasez de gasolina que obligó a los japoneses a caminar o a usar bicicletas. El persistente inventor aplicó la creatividad a su propia situación y construyó un pequeño motor para su bicicleta. Sus vecinos lo vieron y también quisieron uno, pero él no tenía materiales para construir más. Sin embargo, después de sobrevivir el fracaso, la burla, la escasez, la guerra y los desastres naturales, Soichiro Honda no estuvo dispuesto a rendirse. Envió una inspiradora carta a 18,000 dueños de tiendas de bicicletas y solicitó donativos para hacer realidad una novedosa idea que lo ayudaría a revitalizar todo el país. Cinco mil personas enviaron dinero y Honda se dedicó a construir pequeños motores para bicicletas. Luego de un proceso de prueba y error, produjo el pequeño motor Super Cub, que fue un gran éxito en Japón. La compañía de Honda despegó y comenzó a extenderse a los mercados europeos y norteamericanos.

Honda continuó respondiendo a las realidades del mercado. Al notar una severa escasez de combustible en los Estados Unidos durante los años setenta y un interés creciente en los autos pequeños, la compañía de Honda comenzó a desarrollar vehículos más pequeños que los que habían existido hasta ese momento y cambió la industria automotriz para siempre. En la actualidad la compañía Honda, con más de cien mil trabajadores en Japón y en los Estados Unidos, es una de las compañías automotrices más grandes del mundo. Todo esto gracias a que un pequeño inventor se comprometió con una idea, la desarrolló, hizo los ajustes necesarios y nunca se rindió. Dicho sencillamente, él nunca consideró el fracaso como una posibilidad.[1]

Una historia asombrosa, ¿verdad? Muy pocos dueños de vehículos Honda tienen idea de todo lo que sucedió para que ellos pudieran poner en marcha su auto. Pero la verdad es que la mayoría de las cosas de gran valor en la vida se logran de esa misma forma, especialmente las cosas que no todas las personas logran. Aquellas cosas que la mayoría de la gente hace no requieren de demasiada perseverancia y, por lo tanto, la mayoría lo hace. Mientras más valor tiene algo, mayor perseverancia se necesita para lograrlo.

Por ejemplo, la mayoría de las personas pueden encontrar un lugar para almorzar. Especialmente en los Estados Unidos. Incluso si un restaurante está cerrado, no es muy difícil encontrar otro un poco más adelante. Raras veces cosas normales como esas, que forman parte de la rutina diaria, requieren demasiada persistencia. Hasta las personas con muy poca motivación o con vidas insatisfechas las llevan a cabo. Pero la persistencia casi siempre es un ingrediente esencial para lograr las cosas que tienen verdadero valor. Me refiero a cosas tales como:

- Alcanzar una meta en los negocios o las finanzas
- Alcanzar una meta personal como, por ejemplo, bajar de peso
- Dominar una destreza determinada
- Lograr un buen matrimonio
- Criar bien a los hijos
- Construir una carrera profesional exitosa
- Iniciar un negocio
- Vencer la depresión
- Construir un círculo de amistades
- Desarrollar las potencialidades de un empleado o de un equipo de personas
- Mantenerse en forma
- Vencer una enfermedad o vivir con ella
- Sacar a flote un matrimonio difícil
- Hacer funcionar con éxito las salidas con alguien del sexo opuesto
- Vencer una adicción
- Superar un hábito dañino o un problema emocional

Piensa en personas que conozcas que hayan logrado alguna de las cosas mencionadas. En la gran mayoría de los casos comprobarás que hay algo que siempre está presente: *ellos alcanzaron su meta gracias a la persistencia*. Nadie que logra algo difícil lo hace con facilidad o rapidez. Es el resultado de un esfuerzo constante. Como dijo el señor Honda: «Para mí el éxito solo se puede lograr por medio de repetidos fracasos e introspecciones. De hecho, mi éxito representa el uno por ciento del trabajo proveniente del noventa y nueve por ciento que se consideró como fracaso».

En el capítulo acerca del fracaso vimos la importancia de considerarlo exactamente como eso. Pero ese es solo el primer paso. En este capítulo veremos cuál es el siguiente paso: seguir adelante con persistencia y perseverancia.

Nada sucede de la noche a la mañana o sin luchar

Mi hija de tres años a menudo quiere cosas, como todos nosotros. Pero noto algo en ella que me hace sentir preocupado por su futuro. Ella quiere lo que quiere *ahora mismo*. Y lo quiere sin tener que hacer nada para obtenerlo. No solo no quiere esperar por el postre, sino que tampoco quiere comer sus habichuelas para poder comer después la galleta. Imagínate eso. No es mala, solo tiene tres años. Es lo que nosotros llamamos «infantil». Eso significa carecer de la madurez necesaria para darse cuenta que no podemos tenerlo todo en el momento en que lo queremos, ni podemos obtenerlo sin entregar algo a cambio. Lo que es aún peor, ella no tiene interés en desarrollar esas habilidades. Por lo tanto, hay que construirlas desde afuera mediante un proceso llamado disciplina.

Como su papá, debo enfocarme en ese proceso —darle los regalos de la persistencia y la perseverancia. Si soy capaz de darle esas dos cosas, terminará obteniendo las galletas de la vida, los premios que serán lo que la Biblia llama «dulce para su alma», a medida que en el futuro «logre los deseos de su corazón».[2] Para obtener lo que desee en la vida, mi hija primero debe poseer estas dos importantes cualidades. Así que tengo que persistir y perseverar en el proceso de desarrollarlas en ella.

Cuando vemos esta clase de inmadurez en un niño pequeño, no nos preocupamos por eso pues es lo normal. Nos reímos ante la dulzura de la inmadurez que quiere las galletas de la vida ahora mismo y sin esfuerzo alguno. Los niños pequeños piensan: «el mundo debe existir para hacerme feliz». Y cuando no los hace felices, vociferan su «protesta», como si algo estuviera muy mal. En dosis limitadas y durante edades muy tempranas, es gracioso contemplar escenas como esas. Pero demasiado de cualquier cosa puede llegar a hartarnos y es por eso que todo padre, con el tiempo, se cansa de enfrentar la demanda de gratificación instantánea y la protesta cuando esta no tiene lugar. Podemos comprender el deseo en los niños pequeños pero, a medida que crecen, esperamos que desarrollen una actitud más madura con respecto a los deseos y que se den cuenta de que el mundo no les debe la gratificación instantánea. Las cosas que vale la pena tener requieren esfuerzo, persistencia y perseverancia. No obstante, con demasiada frecuencia, incluso los adultos se aferran al deseo infantil de obtener una gratificación inmediata. Casi nunca es tan obvio en los adultos como lo es en los niños, en especial cuando tiene lugar dentro de nosotros. ¿Crees que no eres culpable? Bueno, quizás no, pero antes de estar tan seguro, piensa si te has visto en alguna de las siguientes situaciones que expresan «lo quiero ahora y lo quiero sin esfuerzo»:

- Planes y dietas para bajar rápido de peso que prometen una reducción fácil de libras con poco esfuerzo
- Planes, comerciales informativos o estrategias para hacer dinero rápido, que siempre recalcan cuán «rápido» y «fácil» será tener tu mansión o tu yate
- Comprar billetes de la lotería con la esperanza de ser el ganador
- Vivir pasiones románticas precipitadas y pensar que resultarán en una relación significativa y duradera
- Pensar que una mejoría en la carrera profesional o una promoción en el trabajo vendrá solo porque «te lo mereces» o porque tienes talento
- El deseo de encontrar una terapia rápida o a corto plazo para resolver asuntos emocionales o relacionales muy arraigados
- Pensar que un poco de «tiempo de calidad» con un niño será toda la guía paternal que él o ella necesita para su desarrollo
- Igualar una emocionante experiencia celestial con la madurez espiritual y la intimidad con Dios.

¿No es cierto que la mayoría de nosotros debemos admitir que alguna vez una o varias de estas estrategias nos han atrapado? Es propio de la naturaleza humana querer buscar el camino más fácil, o el paso rápido, o llegar a la cima sin pagar el precio y casi todos sucumbimos a esta tentación en algún momento. Pero a medida que la realidad se impone ante nosotros, aprendemos que pensar de esa manera es solo una fantasía infantil, un deseo y que no nos proporcionará recompensa alguna en el mundo real. ¡Qué desilusión!

Pero espera, hay más. Ese sentimiento de sentirte golpeado cuando el intento de lograr algo a cambio de nada no funciona es importante, como lo está descubriendo mi hija de tres años. Todavía quiere la galleta y se siente golpeada por no tenerla. Tiene un padre que se está interponiendo en su camino de querer lograr algo sin hacer primero lo que se requiere para ello.

Cuando unimos esos dos elementos, el deseo de obtener la galleta y la imposibilidad de lograrlo sin hacer primero el trabajo pesado, tenemos el principio de la fórmula para obtener lo que se quiere. Su deseo, añadido a la incomodidad que le produce el sentirse decepcionada ante el requisito de terminar con sus vegetales, trae como consecuencia que ella haga lo necesario para obtener el premio: perseverar en el requisito para obtener lo deseado. Como dice el libro de Proverbios: «Al que trabaja, el hambre lo obliga a trabajar, pues su propio apetito lo estimula» (16:26). Y cuando obtiene esa galleta, me alegra mucho ver lo feliz que se siente.

Las personas alcanzan las recompensas prometidas en los ejemplos que acabamos de mencionar por medio del mismo proceso. No a través de los métodos «fáciles e instantáneos» prometidos, sino con la única fórmula que funciona: «después y con esfuerzo». Las palabras *después* y *con esfuerzo* corresponden con las dos palabras que constituyen el tema de este capítulo: *persistencia* y *perseverancia*. Estas dos palabras se parecen bastante, pero una de ellas ofrece una visión ligeramente diferente a la idea básica.

La persistencia significa que se requerirá un esfuerzo constante al enfrentar las dificultades para obtener lo deseado. La perseverancia añade el elemento de la gratificación demorada. La persistencia nos dice que hay que empezar con el trabajo difícil y luego la perseverancia nos dice que hay más trabajo difícil porque encontramos dificultades que alejan incluso más de nosotros la gratificación y, por lo tanto, tenemos que ser constantes para llegar hasta el final. Dicho de otra forma, para alcanzar tu objetivo tienes que *persistir*: empezar y continuar. Y luego tienes que *perseverar:* insistir aunque las cosas se pongan difíciles.

«¡Ay, por favor!» nos lamentamos. «¡Tiene que haber una forma más fácil! Seguro que hay un atajo». Bueno, sí, casi siempre lo hay. Hay caminos rápidos que llevan a aparentes recompensas en la mayoría de los aspectos de la vida. Pero esas recompensas solo son «aparentes» porque los resultados no duran.

- Las investigaciones acerca de los métodos para perder peso demuestran que aquellas personas que pierden peso con rapidez no logran mantenerse así, e incluso llegan a pesar más de lo que perdieron. Además, cuando vuelven a engordar les es más difícil bajar que la vez anterior.
- La mayoría de los ganadores de lotería se declaran en bancarrota luego de muy poco tiempo. La *mayoría* pierden los millones que ganaron.
- El «enamoramiento» rápido y el establecimiento de una relación de pareja basada solo en los sentimientos románticos sin tener ninguna habilidad para edificar la relación lleva a la insatisfacción y, con frecuencia, a una urgencia de encontrar otra relación para intentarlo de nuevo.

- Un avance en la carrera profesional como resultado del nepotismo, el favoritismo o de una herencia no merecida explota o fracasa al final.
- Las terapias para «sentirse bien» con rapidez que no provocan cambios en el carácter conducen a recaídas.
- Una crianza de «calidad» intermitente no provee el modelo constante de carácter que necesitan los hijos.
- Las experiencias espirituales emocionantes y subjetivas se desvanecen y no desarrollan la clase de fe y la madurez que se obtienen gracias a una disciplina espiritual constante.

Pero hasta estos intentos fallidos pueden traer como consecuencia algo bueno, así como sucede con un niño de tres años. Si te hacen reconocer la realidad de que las «recetas fáciles y rápidas» no te conducirán a la meta deseada y todavía tienes ese poderoso anhelo insatisfecho, entonces tienes los dos elementos necesarios para el éxito: una motivación y un camino.

Lo deseas y ahora sabes cómo alcanzarlo: haz el trabajo, paso a paso y manténte consciente de que la recompensa llegará al final del trabajo. Al aplicarlo a la lista de arriba, esto significa:

- Cada día hay personas que pierden peso y logran mantenerse así. Muchas, como lo comprueban las investigaciones. La forma en que lo logran es con poco esfuerzo, con tiempo y paciencia. Lo pierden lentamente, no de una vez, a través de métodos sostenibles y estructurados. No se matan de hambre ni hacen ejercicios las veinticuatro horas del día. Asumen un estilo de vida saludable y permanecen en él de forma constante. Por tanto, no solo pierden peso, sino que logran mantenerse así. ¿Por qué? Porque ahora están haciendo lo que todas las personas hacen para mantenerse en forma: comer de forma saludable y hacer ejercicios. No existen personas delgadas que coman y vivan como aquellas que padecen de sobrepeso, como tampoco hay ricos que gasten más dinero del que tienen y que se llenan de deudas por causa de las tarjetas de crédito.
- Cada día hay muchas personas que logran la independencia financiera. Pero no lo logran rápido y sin esfuerzo. Para que el esfuerzo tenga resultados consideran lo siguiente: un poco de trabajo y una gratificación demorada. Permiten que el tiempo acumule los intereses compuestos. En la esfera de los negocios lo hacen de la misma forma, despacio, con diligencia, con

métodos sostenibles. Revisa algún buen plan financiero y encontrarás la fórmula por ti mismo.

• Cada día hay muchas personas que logran establecer relaciones buenas y duraderas. Pero las establecen como resultado de trabajar en las áreas de la comunicación, el perdón, la aceptación, el carácter, la intimidad, la vulnerabilidad, el sacrificio el uno para el otro y por la relación y la demora de la gratificación cuando las cosas se ponen difíciles.

• Cada día muchas personas trabajan arduamente, elevan su nivel educativo, practican la diligencia, hacen trabajos que no les gustan y tienen como metas esenciales el asumir riesgos y desarrollarse a sí mismos, recuperarse de los fracasos y seguir adelante, con el objetivo de construir carreras profesionales satisfactorias. Hacen el trabajo difícil para llegar a la meta, porque no piensan que merecen llegar solo porque sean «especiales».

• Cada día muchas personas vencen problemas emocionales y relacionales, adicciones y otras batallas. Pero lo logran al seguir constantemente un modelo, al retrasar el alivio instantáneo que sus adicciones les proporcionan y hacer el trabajo difícil de aprender a relacionarse y manejar las cosas de una manera diferente.

• Cada día muchas personas crían hijos saludables que se comportan bien y son capaces de adaptarse a la vida. Pero lo logran gracias a un auto sacrificio constante e inalterable que les permite encontrar el tiempo y la energía para dotar a sus hijos con las cantidades masivas de amor, estructura, disciplina y entrenamiento continuos.

• Cada día muchas personas desarrollan la clase de fe que es satisfactoria, significativa, emocionante y fortalecedora en las peores crisis de la vida. Pero lo logran por medio de la constancia y la práctica de las disciplinas espirituales antiguas y comprobadas a través del tiempo.

Aquí está la gran idea: tú puedes obtener los resultados que estás buscando en varios aspectos de la vida *si lo haces de la manera en que lo hacen las personas que logran resultados.* Lo hacen a través del esfuerzo persistente y la perseverancia. Ese es el único camino.

Obtenerlo y mantenerlo requiere músculos

En un encuentro al que asistí hace poco escuché de casualidad a un grupo de personas hablando acerca de comprar boletos de la lotería. Esa semana la lotería había alcanzado cifras astronómicas, lo que provocaba que aquellas personas hirvieran de emoción. Me di vuelta, los miré y les dije:

—Entonces, ¿por qué quieren ir a la bancarrota?

Me miraron como si yo viniera de otro planeta y entonces uno de ellos dijo:

—No estamos hablando de ir a la bancarrota. ¡Estamos hablando de ganar millones!

—Sí, lo sé —dije— pero la mayoría de las personas que ganan esos millones van a la bancarrota. Así que me parece que ustedes se dirigen a eso.

Me miraron de forma extraña, como si estuvieran echándole a su sueño un balde de agua fría. No pienso que me hayan creído. Incluso si lo hicieron, no había duda de que estaban convencidos de estar entre los pocos que en realidad retuvieron sus ganancias. No teníamos tiempo para razonar que la mayoría de los ganadores de la lotería se convierten en perdedores, pero si lo hubiéramos tenido, les habría dicho que hay una buena razón.

Es la misma razón por la que las personas que pierden peso rápido o que se enamoran impulsivamente pronto terminan donde comenzaron. Sucede porque ellos no edificaron el resultado y, por lo tanto, no tienen las habilidades para mantener ese resultado. Las mismas habilidades que conllevan a un resultado son necesarias para mantenerlo y hacer que continúe funcionando.

Mantener un buen peso requiere de auto control y de un estilo de vida saludable. Si una persona no tiene esas dos cosas, de seguro volverá a aumentar de peso, y punto. Por otra parte, si desarrollan esos dos elementos necesarios y por medio de la persistencia pierden peso, también habrán adquirido las habilidades necesarias para mantenerse en su nuevo estado. Pero si no lo hacen, no lo lograrán.

Si una persona logra la independencia económica a través del retraso de la gratificación, el control de los impulsos y una buena auto administración, entonces cuando la logre, será capaz de mantenerla. Pero entrégale de repente a una persona impulsiva un montón de dinero y, como dice el viejo refrán: «lo que fácil llega, fácil se va». Seguir un camino te conducirá a perder doblemente, mientras que seguir el otro te conducirá a ganar doblemente. Pierdes en el camino fácil y rápido, primero porque esa vía no funciona y luego, vuelves a perder porque no te conviertes en la clase de persona que puede sostener el proceso y hacerlo funcionar. En el camino de la realidad, el camino de la diligencia y la persistencia que Dios diseñó, ganas porque estás haciendo cosas de la forma que en verdad produce resultados y luego vuelves a ganar porque te estás convirtiendo en la clase de persona que es capaz de mantener el éxito después de haberlo logrado.

Como hemos visto, el retraso de la gratificación es una parte importante de este camino. Por ejemplo, las investigaciones han demostrado que el retraso de la gratificación puede predecir mejor el futuro éxito de los hijos que las pruebas de inteligencia o los exámenes para el ingreso a la universidad. Cuando se trata de logros, la buena memoria y el talento o los vientos de buena suerte no parecen ser tan importantes como el buen carácter. Hay algo en hacer las cosas «a la antigua» que siempre conduce a las personas al éxito. Haz primero el trabajo y después juegas.

En el proceso de la persistencia se construye el carácter. Los músculos se desarrollan. Se alcanza la madurez. Como nos dice Santiago: «Considérense muy dichosos cuando tengan que enfrentarse con diversas pruebas, pues ya saben que la prueba de su fe produce constancia. Y la constancia debe llevar a feliz término la obra, para que sean perfectos e íntegros, sin que les falte nada» (1:2-4).

El mismo principio nos dice que debemos dejar que la avecilla rompa su propio huevo en vez de ayudarla a romperlo y sacar la cría antes de tiempo. Una parte de esto tiene que ver con el tiempo necesario para alcanzar la madurez, pero la otra parte es el proceso de persistencia real que tiene que atravesar el ave para romper el cascarón y salir. Ese proceso desarrolla la fuerza y los músculos que necesitará para sobrevivir en el mundo exterior. Si se rompe el cascarón de la avecilla antes de tiempo, morirá porque no está lista para la vida. No llegó a ella en la manera «antigua» de demorar la gratificación y ganar su recompensa de la libertad. Así que se muere, está demasiado débil parta enfrentar el mundo real.

Pero este proceso más lento y más seguro está muy en contra de nuestra naturaleza. Todo lo queremos *ahora*, así que nos enfocamos en llegar a la meta pero no en obtener las habilidades. La otra noche estaba trabajando con mi otra hija, de seis años, en su lectura. Ella ha deducido que reconocer las palabras es la forma más fácil y rápida y que la fonética cuesta un poco de trabajo. Le encanta ver palabras que ya conoce y es capaz de saltarse líneas hasta llegar a ellas. Le resulta muy emocionante leer una oración completa sin tener que disminuir la velocidad en la lectura. Le encanta el premio: ser capaz de leer.

Me estaba leyendo un libro y le resultaba bastante fácil hasta que encontró una palabra un poco grande con la que no estaba familiarizada. Cancaneó un poco y entonces la saltó, retomando su ímpetu. Pero tuve que aguarle la fiesta:

—Espera un momento Veloz Lectora, regresa atrás. ¿Cuál es esa palabra? —le pregunté.

—No sé, es demasiado difícil —me dijo.

—Eso no importa si logras pronunciarla —dije—. Si pronuncias las letras, podrás leer cualquier palabra que encuentres. Ahora inténtalo. ¿Cuáles son los sonidos?

Pude ver cómo tuvo que sumergirse en la profundidad del pozo y hacer acopio de perseverancia para poder leer cuatro formidables sílabas y algunos sonidos complicados. No tenía idea del significado de la palabra o de adónde la llevarían estos sonidos. Tuve que hacerle señas para que continuara luego de cada sílaba, cada consonante y cada vocal.

A medida que avanzaba con gran esfuerzo a través de cada sonido, podía escuchar cada uno de los anteriores todavía vibrando hasta que llegó al final. Había dicho la palabra parte por parte sin reconocerla y luego, cuando la unió y la dijo de una sola vez, el brillo volvió a aparecer. Muy feliz la dijo otra vez, desbordante de emoción. Se sentía justificadamente orgullosa porque había hecho algo que pensaba que no era capaz de hacer.

Pero lo importante para mí no fue que ella pronunciara la palabra. Ese fue el fruto, el premio. Yo estaba encantado porque ella estaba aprendiendo la habilidad que le iba a posibilitar leer *cualquier* palabra. Al aprender a pronunciar las sílabas, sería capaz de leer palabras que no conocía o que nunca había visto. Gracias a que persistió en hacerlo, desarrolló el músculo del que está hablando Santiago. En el aspecto de la lectura, se estaba haciendo «perfecta, sin que le faltara nada». El gran valor de la persistencia y la perseverancia está en quién nos convertimos a medida que persistimos y perseveramos. Nos convertimos en la clase de persona que tenemos que ser para lograr cosas.

A VECES LOS OBSTÁCULOS EN REALIDAD SON PUERTAS ABIERTAS

El antiguo refrán: *Siempre que una puerta se cierra, otra se abre,* nos da una de las mejores razones para perseverar. La vida es un viaje y a menudo incluye recorrer algunos caminos sin salida hasta llegar al lugar deseado. Hemos visto que estos viajes sin resultado tienen valor, pues a lo largo del camino edificamos nuestro carácter y habilidades. Pero a menudo no nos damos cuenta de que el callejón sin salida, o el obstáculo en sí mismo, puede ser una gran bendición disfrazada. Si persistimos y perseveramos, encontraremos que una puerta cerrada nos conducirá a otra oportunidad que con frecuencia es una mejor.

Una vez le pregunté a una audiencia cómo habrían sido sus vidas si hubieran obtenido todo lo que pensaron que querían. Se escucharon risas y comentarios mientras se daban cuenta de que perder una determinada relación o una oportunidad los benefició más que haberlo logrado. Lo que ellos pensaban que querían no era lo que necesitaban. Dios sabía más que ellos.

John y yo (Henry) vimos esta verdad ejemplificada en nuestro trabajo hace como diez años. Durante los diez años anteriores habíamos construido una compañía para apoyar tratamientos psiquiátricos en los hospitales y nos encantaba el trabajo que estábamos haciendo. Cada día era una alegría y un nuevo reto. Estábamos al frente de aquella compañía, hacíamos el trabajo clínico, desarrollábamos programas de tratamiento, escribíamos los materiales para que los hospitales los usaran en los trabajos en grupo, desarrollábamos materiales acerca del crecimiento personal y enseñábamos en seminarios por toda la zona occidental de los Estados Unidos. Además, creamos un programa de radio para el occidente y escribimos libros con nuestros materiales. La compañía era todo un éxito y era precisamente la estructura de la compañía lo que le permitía funcionar y proveer los recursos que se necesitaban. Nos sentíamos tremendamente satisfechos con todo eso.

Entonces, casi de la noche a la mañana, la atención médica controlada y los seguros del tipo HMO (Organización para el mantenimiento de la salud, por sus siglas en inglés) se tragaron la industria médica. Antes de este cambio, los aseguradores les permitían a los pacientes permanecer en un centro de tratamiento el tiempo suficiente como para resolver sus problemas y lograr una mejoría significativa. Pero con los nuevos modelos de atención médica controlada, ya no les permitían a los pacientes estar en el hospital el tiempo suficiente como para recibir verdadera ayuda. Los pacientes podían permanecer en los hospitales el tiempo suficiente como para estabilizarse en situaciones agudas o de emergencia. Ya no podíamos hacer lo que amábamos, comunicar y trabajar en los aspectos espirituales y psicológicos que están involucrados en los problemas de la persona.

De repente, la clínica se convirtió más en un negocio que en una pasión por ayudar a los que sufren. Aunque los centros todavía eran solventes, sabíamos que ya no cumplían nuestro llamado. Además, surgió una alianza que afectó nuestra compañía y la nueva estructura solo aumentó el problema y nos alejó incluso más de nuestro llamado. No podíamos trabajar así, de modo que supimos que había llegado la hora de retirarnos.

Recuerdo aquellos días que se volvieron oscuros, por lo menos al principio. Habíamos pasado diez años de mucho sacrificio y trabajo arduo para construir la compañía y por fin habíamos llegado al punto en que era madura y le iba bien. Estábamos disfrutando el fruto de nuestros sueños. Entonces, ¡zas! Se cayó el techo. La puerta nos golpeó en la cara. Todo lo que habíamos dedicado a nuestro sueño se fue a la basura. «Dios, ¿cómo pudiste permitir que esto sucediera?» Lo que no sabíamos, o que al menos habíamos olvidado y estábamos demasiado ciegos para ver, era que «cuando Dios cierra una puerta, abre otra». Durante la etapa de la salida nos sentamos con la compañía a la que vendimos y conversamos para ver si había alguna forma en la que pudiéramos trabajar juntos. Teníamos muy pocas esperanzas de que algo se pudiera lograr. Todo lo que habíamos construido parecía estar desvaneciéndose, pero decidimos persistir y perseverar en el proceso. De haber aunque fuera una pequeña oportunidad de utilizar todo lo que habíamos construido, queríamos descubrirla. Entonces, a raíz de las largas reuniones y de las comunicaciones de una y otra parte, surgió una idea.

La nueva compañía acababa de adquirir una transmisión que abarcaba alrededor de doscientos mercados de todo el país. Los servicios clínicos que ellos estaban llevando a cabo necesitaban un mayor alcance, así que nos pidieron que fuéramos los doctores expertos en aquella transmisión. La idea sonaba interesante pero, ¿cuál sería nuestro «verdadero trabajo» si ya no estábamos en el campo de los tratamientos en hospitales?

Entonces nos dimos cuenta. Si podíamos hablar diariamente a millones de personas de todo el país, podríamos empezar una compañía que llevara las cosas que nos apasionaban a las comunidades. Ya habíamos hecho esto colateralmente en conexión con nuestros centros de tratamiento; ahora podríamos hacerlo de una manera más enfocada y abarcadora. Así fue que comenzamos a andar por un nuevo camino. Desarrollamos seminarios para la audiencia que nos escuchaba y comenzamos a ayudar a iglesias y organizaciones para que usaran los materiales que habíamos elaborado al tratar asuntos de la vida diaria en grupos pequeños y otras estrategias. Además de aquellas primeras transmisiones, en la actualidad tenemos transmisiones vía satélite en más de tres mil iglesias, en las que la audiencia se reúne para escuchar nuestra transmisión televisiva *Soluciones* y luego se reúnen en grupos pequeños para hablar de sus problemas.

Ahora, años más tarde, tenemos el privilegio de trabajar con miles de iglesias y organizaciones a través de nuestros materiales y conferencias, contribuyendo junto a ellos a hacer el asombroso trabajo de restaurar vidas, relaciones y sueños de personas en sus comunidades. Todos los días recibimos cartas y llamadas telefónicas, o conversamos con personas durante nuestros viajes, quienes nos cuentan acerca del cambio de vida que experimentaron por medio de uno de nuestros grupos, libros, videos o guías. Esto nos emociona porque nuestros materiales, en manos de otras personas, *han tocado a personas que nunca hemos conocido*. El fruto de nuestro trabajo se ha multiplicado, no por nosotros, sino por otros.

Hace diez años, cuando nuestro plan se derrumbó ante nuestros ojos, nos sentimos abrumados. Pero Dios es más grande que nuestros planes y él siempre tiene uno mejor de lo que cualquiera de nosotros pudiera concebir.

A medida que atravesamos este tiempo difícil, recuerdo que nos apoyamos en ese versículo que dice: «Confía en el Señor de todo corazón, y no en tu propia inteligencia. Reconócelo en todos tus caminos, y él allanará tus sendas» (Proverbios 3:5-6). Yo no entendía por qué Dios nos había permitido emplear todo aquel tiempo y esfuerzo construyendo algo que dejaría de existir tan pronto. Parecía un desperdicio tan grande. En aquel momento no podía ver que no era tal desperdicio. Dios iba a usar todo el material y los modelos que habíamos desarrollado en un contexto mucho más amplio que el de nuestro plan original, un contexto que nos permitiría hacer mucho más bien. Ahora, con la ventaja de tener una perfecta visión retrospectiva, confieso que puedo entender lo que estaba haciendo. Hubiera querido estar más seguro de lo que él se proponía en aquel momento. Lo cuestioné mucho y me sentí decepcionado. Pero ahora sé lo que debí haber sabido en aquel entonces: confiar en él. Él siempre tiene un plan, un buen plan.

Si tienes una relación con Dios, esto también se cumplirá para ti. Siempre que encuentres una puerta cerrada, Dios sabe lo que está haciendo. Confía en él, él está de tu lado. Él tiene un plan. Pero su plan nunca se hará realidad si tú no persistes y perseveras. Esa es tu parte, y su parte es hacer que todo engrane. Si te detienes cuando encuentres un obstáculo o una puerta cerrada, no puedes culpar a la puerta o al obstáculo por tu fracaso. Si dejas de seguir intentándolo en ese punto, entonces tu fracaso final será tu propia responsabilidad. Manténte buscando hasta que encuentres lo correcto. El obstáculo no está allí para detenerte, sino para hacer que tomes un camino mejor: el camino de Dios para tu vida. Es por eso que la persistencia y la perseverancia son tan importantes. Tenemos que insistir, incluso cuando tropecemos con obstáculos y piedras en el camino. Estas pueden representar la resistencia del cascarón que nosotros, como la avecilla, tenemos que vencer para hacernos lo suficientemente fuertes para triunfar. O tal vez sean las puertas cerradas lo que Dios está usando para redirigir nuestras vidas hacia su plan perfecto. Realmente ahora, a pesar del dolor en el corazón y de la agonía del rechazo, ¿no te alegras de que aquella relación que tuviste en la escuela secundaria no fructificara?

Un paso lleva al otro

El otro aspecto importante acerca de la persistencia y la perseverancia es que los impedimentos del camino son, con frecuencia, los pasos que nos guían a la puerta abierta. Un impedimento lleva al otro, lo cual lleva al otro, la cual lleva al éxito. Si desistimos al tropezar con la primera, no encontraremos la guía que necesitamos para encontrar la siguiente.

Imagínate a un vendedor ofreciendo sus productos. Toca a una puerta y el agente comprador no desea su producto, pero recuerda el nombre de una compañía que puede que lo quiera. Va a esa compañía y se da cuenta de que ellos tampoco necesitan el producto, pero escuchó a alguien durante el almuerzo que decía necesitar un producto similar al que él está vendiendo. Obtiene el nombre, lo llama por teléfono y escucha una voz que dice: «No puedo creer que me esté llamando. Su producto es exactamente lo que yo he estado buscando. ¿Cuándo puede venir?»

Nunca puedes saber lo que sucederá al hablar con la próxima persona o cuando toques a la próxima puerta. Recuerda: «Porque todo el que pide, recibe; el que busca, encuentra; y al que llama, se le abre» (Mateo 7:8). Pero si dejamos de preguntar, de buscar y de tocar (es decir, de persistir y perseverar), nada sucederá para obtener aquella promesa de la puerta abierta.

Otra forma de enfocar el asunto es que cada paso conduce al paso siguiente. El objetivo de subir por una escalera es llegar a la cima. Tu objetivo principal no es ningún peldaño en sí mismo, solo lo consideras como un paso más que tienes que dar para llegar arriba. Pero, ¿qué sucedería si te enfocaras en cada escalón como si este fuera la cima, enojándote o desanimándote después del primer paso porque este no te condujo directamente a la cima? Si esa es tu estrategia, nunca llegarás. Debes dar cada paso pensando que te conducirá al siguiente.

Casi todo funciona de la misma manera. Conocemos personas que nos presentan a otras personas, quienes se convierten en las personas que estábamos buscando al inicio. Vamos a un médico que nos recomienda otro médico y nos refiere al indicado. Esa es la forma en que funcionan la mayoría de las cosas en la vida. Las personas que se detienen y no persisten ni perseveran luego que los primeros pasos no resultan, están desafiando la forma en que funciona el sistema y, con toda seguridad, no lograrán alcanzar su sueño.

Aquí hay otra cosa importante que debemos recordar. Nuestras explicaciones pueden dar la impresión de que el proceso de persistencia te conduce por un camino recto, en el que un paso siempre lleva al otro en una senda lineal. Esa no es la forma en que funciona. Piensa en esto no como una senda lineal, sino como una senda innovadora. Un paso conduce a un obstáculo o a una puerta que te coloca en un camino completamente diferente. Ya no es lo mismo de antes. Pero si no hubiéramos tenido la persistencia para dar ese paso, no habríamos encontrado la senda por la que ahora caminamos. ¿Recuerdas al señor Honda y a su anillo del pistón? Terminó construyendo el Accord y otras cosas mucho más grandes que solo un anillo en un pistón para un motor de automóvil. Pero su persistencia y perseverancia a través de cada paso condujo a la innovación que lo llevó a la senda mayor.

¿En qué estás trabajando ahora que necesitas continuar para ver adónde te conduce? Si te has encontrado un callejón sin salida, puede ser que necesites dar otro paso, o dos o tres, antes de que encuentres la senda que te llevará a la recompensa que estás buscando. Lo único que tiene sentido es continuar dando pasos. La puerta abierta te está esperando en algún camino que todavía no has encontrado. Si no lo encuentras porque dejas de persistir y perseverar, solo será tu culpa. Dios está de tu lado. Él quiere que tú ganes. Y cuando eso no sucede, él tiene algo más para ti que forma parte de su plan. Así que, continúa pidiendo, buscando y tocando y encontrarás la puerta que él ha abierto para ti.

Del enfoque en el fruto al enfoque en el cultivo

Parte de lo que estamos hablando aquí es el cambio del enfoque. Es natural que miremos al objetivo o al fruto potencial de nuestro arduo trabajo y que lo deseemos. De hecho, las investigaciones acerca del éxito muestran que escribir tus metas, tener una visión de ellas, recordarlas, es muy importante para que logres lo que quieres en la vida. Estar «orientado al objetivo» es algo maravilloso. Dios nos ha dado una mente lineal que dirige la mirada hacia un resultado deseado y luego busca una vía para lograrlo. Eso es bueno.

Pero los que de hecho llegan allí no solo tienen una «orientación al objetivo», sino que también tienen un «enfoque en el proceso». Dicho de otra forma, *para llegar a la meta que desean, se enfocan en las cosas que deben suceder para que eso ocurra*. Ese es el arduo trabajo de la persistencia y la perseverancia.

Una maravillosa analogía de esto es el jardinero, el agricultor o el viñero. Es obvio que estos trabajadores de la tierra desean la llegada de la cosecha, pero no se quedan sentados la mayoría del año solo queriendo que llegue. Lo que hacen es labrar el campo. Plantan las semillas necesarias, riegan las plantas, cavan alrededor de las raíces y las limpian de cosas que puedan ahogarlas. Fertilizan las plantas para proporcionarles los ingredientes que no pueden producir por sí mismas. Las podan para quitar los brotes y las ramas que pueden estorbar su crecimiento. Eliminan las enfermedades que pueden estar infectando a las plantas y combaten los insectos y predadores que se acercan para robarse lo que están tratando de producir.

En otras palabras, no pueden quedarse sentados todo el año deseando o exigiendo que se produzca el fruto. Por el contrario, van a trabajar cada día y hacen cosas muy triviales que aparentemente tienen muy poco que ver con una rosa, con una espiga de maíz o con una fina botella de vino Chardonnay. Pero ellos se enfocan en esos cientos de detalles, poco a poco, a lo largo de toda la etapa de crecimiento.

Entonces, un día, llega el tiempo de la cosecha. Y se regocijan por lo que ha producido su persistencia y perseverancia. Como dice Proverbios acerca de esta clase de diligencia: «Las manos ociosas conducen a la pobreza; las manos hábiles atraen riquezas» (10:4). Y: «El perezoso ambiciona, y nada consigue; el diligente ve cumplidos sus deseos» (13:4).

Nada de esto es pura ciencia, es el orden creado. Es como se producen todas las cosas de valor, desde los automotores Honda hasta la pérdida de cien libras de peso. Todas las metas se obtienen a través de la práctica diligente de tareas rutinarias y triviales.

Así que, hoy, cuando pienses en tu meta, piensa también en el proceso que se requiere para llegar a ella. Si tu meta es perder peso, piensa en este principio para que te motive a ir y hacer los cuarenta y cinco minutos de ejercicios que debes hacer. Si tu meta es una buena relación, piensa en el valor del proceso cuando haces ese pequeño sacrificio una vez más para hacer que las cosas funcionen. Si tu meta es un negocio mejor, piensa en este principio mientras resuelves un nuevo problema o haces otra llamada no solicitada. Si tu meta es encontrar una relación, tenlo presente cuando acudas a otra cita a ciegas o te unas a otro servicio de citas.

Ya tienes la idea. Pero recuerda, lograr tu meta es cuestión de dónde pones tu mirada. Mantén tus ojos en la meta, por supuesto. Pero también mantén tus manos en el arado, todos y cada uno de los días y enfócate hoy en lo que tienes que hacer para llegar hasta allí. Haz lo mismo mañana y el siguiente día y el otro también. Tal como dicen los miembros exitosos de Alcohólicos Anónimos cuando vencen sus adicciones, al final de sus encuentros:

«Sigue viniendo. Funciona». Ese consejo es válido para la mayoría de las cosas de valor.

El cuadro completo

Algo para recordar acerca del principio de la perseverancia es que este no opera en el vacío. La persistencia debe aplicarse conjuntamente con todos los otros principios que hemos presentado en este libro. La persistencia ciega puede ser solo «hacer lo mismo una y otra vez, esperando resultados diferentes». Pudiera ser diligencia solo para golpearte la cabeza contra la pared y eso no te producirá otra cosa que no sea un dolor de cabeza.

Así que mientras persistes, examina tus pensamientos. Conéctate con el apoyo que necesitas para atravesar el proceso y lograr tu objetivo. Levántate de los fracasos y aprende de ellos. Asume la responsabilidad por los resultados y considéralos como tu problema. Di no a las cosas que traten de detenerte. Da nuevos pasos y asume nuevos riesgos. Todos estos pasos trabajan juntos y, a medida que lo hacen, algo más sucede:

Te das cuenta de que el premio no es la única recompensa. La verdadera recompensa es el crecimiento que has logrado en tu viaje. Es la persona en la que te has convertido y las personas con las que te has encontrado a lo largo del camino. Es la madurez que has alcanzado y las lecciones que has aprendido. Como dice Santiago 1:4: «Y la constancia debe llevar a feliz término la obra, sin que les falte nada». Eso es lo bueno de «seguir adelante». Te conviertes en una mejor persona.

He llegado a creer que Dios puede hacer la mayoría de las cosas que se deben hacer en la tierra sin la intervención de ninguna persona en particular. Pero nos da la oportunidad de involucrarnos en cualquiera que sea la tarea que ha puesto en nuestras manos, no solo para que la hagamos, sino también para que crezcamos. Nosotros somos su «obra», dice él. Somos sus hijos y él usa cualquier trabajo que hagamos o cualquier situación que enfrentemos para hacernos personas mejores. Más capaces de amarlo a él y más capaces de amar a otros. Más capaces de producir frutos duraderos como resultado del crecimiento de nuestro carácter. Muchas veces estamos donde estamos, haciendo el trabajo que hacemos o las tareas en las que estamos involucrados porque él está haciendo crecer algún aspecto de nuestra personalidad. E incluso cuando suceden cosas malas que no son parte de su plan, él promete estar con nosotros en la medida en que perseveramos, para ayudarnos a crecer y a sanar de cualquier cosa que este mundo caído nos haya ocasionado. Como dicen por ahí, lo que no mata engorda.

Así que, aprende algo que los verdaderos ganadores han comprobado: *el viaje es de más valor que la recompensa.* Es el viaje que nos conduce al lugar deseado lo que llamamos «vida». Y en la vida estamos llamados a crecer y convertirnos en lo que se espera que debemos ser. Persiste, persevera y crece. No solo obtendrás el premio, sino que también aprenderás a disfrutar el proceso de crecimiento en sí mismo y a verlo como un viaje maravilloso, un premio inesperado en toda su extensión, a medida que te conviertes en una mejor persona. ¡Disfruta el viaje!

Conclusión

Has leído los ocho principios del «Plan de no excusas». Y ahora, ¿qué?

Si el material de este libro tiene sentido para ti, entonces es probable que estés listo para salir del «juego de la culpa», conquistar tus temores y empezar a lograr tus sueños. Al decirte que puedes hacerlo no estamos sencillamente dándote una charla de ánimo para motivarte ni alentando las ilusiones. Lo vemos día tras día en personas que se adueñan de sus vidas.

Es probable que estés consciente de que necesitas hacer algo, como salir de tu zona de comodidad o hacerte dueño de tus problemas y dificultades o renunciar a la mentalidad de víctima que te tiene atascado. Este tipo de trabajo merita todo el esfuerzo que puedas hacer y puede producir gran fruto en tu vida.

Al mismo tiempo es razonable que preguntes: «¿Hay alguna garantía de que mis esfuerzos valdrán la pena? ¿Se me está pidiendo que haga cosas que son nuevas y diferentes para mí? ¿Qué puedo esperar a cambio?»

Las posibilidades de tener la vida mejor que quieres aumentan cada vez más a medida que uses los principios de este libro. *De veras que funcionan*. Son principios probados que han cambiado las vidas de muchas personas durante muchos años. Pero no puede haber una garantía de cien por cien. Siempre hay algún riesgo involucrado. Sin embargo, esperamos que ahora seas menos reacio al riesgo que lo que puedas haber sido antes de leer este libro.

Al mismo tiempo hay una garantía negativa que se aplica a todos nosotros. Es aleccionadora, es cierta y podemos depender de ella. La garantía negativa es esta: Si seguimos culpando a los demás por nuestra situación actual y si seguimos sintiendo temor de hacernos dueños de nuestras vidas, también seguiremos experimentando los mismos fracasos y frustraciones que hemos experimentado siempre. Tanto como hayas evitado la responsabilidad por ti mismo, verás que también las metas de tu vida te evaden.

La culpa y la mentalidad de «no es culpa mía» pueden ser un tanto consoladoras. Funcionan como un anestésico que de manera temporal nos adormece ante la carga de hacernos dueños de nuestras vidas. Pero todos los anestésicos se desgastan con el tiempo y el consuelo de la culpa siempre se disipa a la luz de lo que realmente deseamos. Es mucho mejor aceptar el dolor de asumir la responsabilidad y cosechar una gran vida que dejar que el mensaje tentador de la culpa nos desvíe.

El diseño espiritual

La idea de una vida mejor no es algo que la gente simplemente evoca en sus cabezas. Concebir una vida mejor es algo inherente a nuestro diseño y conformación. Dios te diseñó para tener significado, propósito y realización. Él puso dentro de ti el potencial para entrar en la vida y, con su dirección, hacer algo con ella. Existe un plan para ti. Aunque este plan se aloja muy dentro de ti, también se originó fuera de ti en la mente de Dios: «Porque yo sé muy bien los planes que tengo para ustedes —afirma el Señor—, planes de bienestar y no de calamidad, a fin de darles un futuro y una esperanza».[1] Nuestro bienestar, un futuro positivo, una razón de esperanza y la libertad de nuestra calamidad son todos parte de la vida mejor que Dios quiere para nosotros y él ha estructurado las cosas para que puedas entrar en esta vida. Él hace su parte al orquestar los sucesos, darte apoyo y guiarte. Tú debes hacer tu parte al escoger y seguir el camino correcto, el camino de hacerte dueño y responsabilizarte de tus decisiones y de tu senda.

Sueños y deseos

Entonces, ¿cómo empiezas? Empieza siempre con tus sueños y deseos. Es ahí donde tienes la mayor influencia y beneficios. ¿Con qué sueñas? ¿Qué esperas? ¿Qué quieres que suceda?

Para la mayoría de nosotros las respuestas a estas preguntas tienen dos partes:

Queremos recibir lo bueno y queremos eliminar lo malo. Tenemos deseos positivos y metas para los logros en la vida y el éxito en las relaciones. Al mismo tiempo queremos evitar, resolver y culminar esas cosas negativas que nos atan, nos mantienen infelices y consumen un tiempo y energía muy valiosos. Como en los deportes, tenemos que jugar a la ofensiva, logrando los sueños y deseos, pero también necesitamos defensa, venciendo los obstáculos y quitando las cosas malas que nos estorban.

Tal vez hace mucho tiempo que dejaste de soñar, de ponerte metas y de planificar. Puede que te hayas desanimado. O quizá te has resignado a pensar que las cosas nunca cambiarán. Nadie puede culparte por desanimarte, eso nos pasa a todos. Pero el desánimo es sencillamente una señal de que el camino que has tomado no está funcionando. Es muy probable que haya otro camino que funcione mejor. Permítete volver a soñar y tener esperanzas, esta vez con el conocimiento de que pueden suceder cosas buenas.

Preguntarte y responderte a ti mismo

Cuando comienzas a soñar, a tener esperanzas y a ponerte metas, comienzan a venir a nuestra mente ciertas cosas específicas de nuestra vida que nos interesan. A menudo encontrarás varias esferas de tu vida en las que la culpa, la pasividad y el temor han tomado el control. Puede ser útil analizar cada una de estas esferas y preguntarte: *¿Cómo estoy contribuyendo a mi infelicidad en esta esfera?* Es una de las preguntas más beneficiosas que podrás hacerte jamás.

Hemos escogido cinco aspectos críticos en la vida en los que la culpa o la mentalidad de *no es culpa mía* pueden ser destructivas en particular. En cada uno de estos aspectos damos ejemplos del juego de la culpa que pueden ser la base del problema. Después del ejemplo, mostramos una manera de enfocar el problema desde el punto de vista de asumir la responsabilidad. Esperamos que estos ejemplos inciten tu pensamiento y te lleven a dar pasos positivos en esos aspectos.

ASPECTO CRÍTICO NO. 1: AMOR

El amor es una de las experiencias más grandes e importante que cualquiera puede tener. Es un don y puede llenar nuestras vidas. Todos tenemos un deseo profundo de tener a alguien conectado a nuestros corazones en una relación segura y creciente.

Puede que seas soltero y estés buscando la persona adecuada o quizá estés casado y quieres que tu relación sea más feliz, más profunda y más íntima. En cualquiera de las situaciones, una relación amorosa saludable, segura, emocionante y positiva es una parte importante de la vida. O en un nivel más serio, puede que las cosas no estén yendo bien en tu vida amorosa. Puede que tengas problemas con las citas o que no tengas citas en lo absoluto. Tu matrimonio puede estar vacío o luchando con muchos dolores y conflictos.

Evita el juego de la culpa y pregunta: *¿Qué parte he jugado en esta situación?* A continuación aparecen algunas respuestas comunes a esa pregunta y algunas soluciones basadas en los ocho principios que hemos presentado en este libro:

- He culpado la falta de cambio de mi cónyuge (o de mi novio o de mi novia) por mi infelicidad. *Puedo llegar a ser feliz incluso si él (o ella) nunca cambia.*
- Me rendí demasiado pronto. *Puedo seguir un buen plan incluso si las cosas se ponen difíciles.*
- No he sido claro con relación a lo que quiero y necesito. *Amable pero directamente puedo hacerle saber a ella (o a él) lo que quiero y necesito.*
- He sentido temor de confrontar. *Puedo aprender a confrontar en amor y verdad.*
- He evitado ver mi falta de amor o mis problemas de control en la relación. *Puedo asumir la responsabilidad por no ser amoroso o por ser controlador y puedo cambiar esas cosas.*
- He soportado cosas que nunca debí tolerar. *Puedo decir no a los malos tratos y dar pasos para establecer límites a la manera en que me tratan.*
- Me he permitido enfrentar este problema yo solo. *Puedo acercarme y relacionarme con personas que serán mi sistema de apoyo.*

Es posible que en tu vida encuentres otras actitudes y respuestas además de las que hemos mencionado aquí. La idea es que cuando eres tú el que actúa y cambia, estás moviéndote hacia tu meta, algo que no puede suceder si te quedas atascado en la culpa. Recuerda, nadie más puede hacer esto por ti.

Aspecto crítico No. 2: Trabajo

Todos queremos tener una vida laboral significativa y gratificante. Queremos una vocación que nos desafíe y que encaje en la esfera en que somos competentes. Pero a menudo surgen problemas. Quizá te encuentres en la profesión equivocada. O quizá estés en la profesión correcta pero a estas alturas de la vida no has llegado tan lejos en ella como quisieras. Quizá estés en la industria o en la empresa correcta, pero no has avanzado como querías. O quizá te veas en una industria diferente. O quizá estés cuestionándolo todo con relación a tu trabajo, preguntándote dónde será que encajas.

La mentalidad *no es culpa mía* puede mantener a la gente paralizada en su trabajo durante décadas. Se culpa al jefe, al supervisor, a la economía, pero el que realmente sufre eres tú. Nadie negaría que los jefes y las altas y bajas de la economía son factores muy importantes, pero siempre hay cosas que puedes cambiar en tu propia vida. Analicemos nuevamente las varias respuestas al juego de la culpa que no funcionan y mostremos la alternativa de «control» que puede marcar la diferencia:

- He esperado que el jefe reconozca mis méritos. *Puedo programar una reunión con él para asegurarme que sepa lo que estoy haciendo.*
- No me he hecho responsable de ninguna actitud que he llevado al trabajo y que ha hecho que sea difícil trabajar conmigo. *Puedo pedir opiniones y cambiar lo que necesito cambiar.*
- No he buscado más preparación y experiencia para desarrollar mi comerciabilidad. *Puedo buscar tiempo y maneras de hacerlo y seguir trabajando para vivir.*
- No me he acercado a mi supervisor para tratar de resolver cualquier malentendido. *Puedo tomar la iniciativa y hacerle saber que quiero ser un miembro del equipo y ayudarle a alcanzar sus metas.*
- He culpado a mi empresa en lugar de ver qué puedo hacer para ayudarla a crecer y prosperar. *Puedo escoger ser parte de la solución y no parte del problema.*
- He sentido temor de ser creativo. *Puedo generar ideas y dejar de ir a lo seguro.*
- He comenzado ideas nuevas y no les he dado seguimiento. *Puedo perseverar aunque la reacción inicial no sea muy positiva.*
- He sentido temor de probar trabajos y oportunidades nuevas. *Puedo buscar y ver qué más hay en el lugar de trabajo que pueda encajar con mis habilidades y sueños.*

El mercado laboral responde no solo al talento sino también a la responsabilidad y la iniciativa. He visto a muchas personas, que no eran las más dotadas por naturaleza, lograr un éxito mayor que el de sus colegas más talentosos porque se analizaron e hicieron los cambios indicados.

Aspecto crítico No. 3: Crianza de los hijos

Si tienes hijos, sabes cuánto anhelas verlos triunfar, hacer y mantener buenos amigos, y convertirse en personas responsables. Ver a un hijo lanzarse a la adultez y que le vaya bien es la mayor esperanza de cualquier padre. Al mismo tiempo, en el camino de la buena crianza se interponen todo tipo de obstáculos. Un niño en edad preescolar se vuelve agresivo con su hermano o hermana. Una colegiala no quiere sacar las notas que puede sacar. Un adolescente lucha con las drogas o el alcohol.

A menudo el problema se combina con la realidad de que la persona con el problema en verdad no está preocupada por el mismo. A ti te importa más el asunto que a tus hijos. Estás solo. Tu hijo no viene a ti y te dice: «Ayúdame». Esto puede llevar a una sensación de impotencia y desánimo.

Recuerda que incluso si tu hijo no lo sabe, él te necesita, y él necesita que le ayudes con este problema. Sé un padre que tome la iniciativa, y explora aquellos aspectos en los que puedes haber fallado… y considera la alternativa de hacerte responsable:

- He culpado a mi hijo y he evitado ver mi parte al crear el problema que él está enfrentando. *Puedo cambiar la manera en que actúo como padre para que él tenga una mejor posibilidad de triunfar.*
- He sentido temor de su ira o de herir sus sentimientos. *Puedo aprender a no tomar sus reacciones negativas como algo personal.*
- Me he rendido muy fácilmente cuando él me ha ofrecido resistencia. *Puedo insistir en mis reglas y disciplina sabiendo que el éxito tomará tiempo.*
- No he querido mirar los fracasos porque estos pudieran indicar que no soy un buen padre/madre. *Puedo lidiar con mis fracasos sin culpa o vergüenza porque estos me ofrecen una manera de aprender a mejorar.*
- No he buscado la ayuda de otros. *Puedo ser humilde y pedir apoyo y consejo a gente buena.*
- He cedido ante la mentalidad de que así es él. *Puedo darle el regalo de saber que puede ser una persona mejor, así como yo también lo puedo ser.*

Los mejores padres no son los que tienen todas las respuestas. Son aquellos que asumen la responsabilidad del problema y van en busca de las respuestas. Cuando te haces dueño de tu propia parte en el problema, eres capaz de ayudar a tu hijo a también hacerse dueño de su parte. Además, él aprende el valor de la responsabilidad y de hacerse dueño de sus actos.

Aspecto crítico No. 4: Relaciones

La persona con buenas relaciones es la persona más rica del mundo. Las relaciones con amigos y familiares son una parte central de una vida realmente significativa y con sentido, su valor no puede exagerarse. Eres muy bendecido cuando tienes amigos confiables y de principios sólidos que te apoyan.

La mayoría de las personas tienen luchas, grandes o pequeñas, en sus relaciones personales. Tú y tu amigo/a tienen un desacuerdo que se intensifica. Una relación termina. Descubres que estás escogiendo personas equivocadas para que sean tus amigos. O descubres una dinámica de control en tu familia que te deja sintiéndote impotente e infeliz.

Observa a continuación algunas de las causas típicas de los problemas en las relaciones y considera las sugerencias para hacerse dueño de los mismos:

- En silencio he culpado a las personas sin hacer oír mi voz. *Puedo decirles lo que está mal para que puedan tener la oportunidad de escucharme y cambiar.*
- He dado por hecho que las personas nunca cambiarán, así que me rendí. *Puedo darles la misma gracia que me gustaría que me dieran a mí.*
- Necesito tanto su aprobación que no puedo imaginar decir nada que pudiera alejarlos. *Puedo satisfacer mis necesidades de aprobación con otras personas para ser más fuerte y menos dependiente en el sentido emocional.*
- Los he juzgado. *Puedo dejarle los juicios a Dios y pedir misericordia para ellos y para mí mismo.*
- Los he obligado a medirse según una norma que no es razonable. *Puedo ser realista con las expectativas que tengo de ellos.*
- He evitado analizar cómo yo los afecto. *Puedo preguntarles cómo los afecto y cambiar lo que necesite cambiarse.*

Encontrarás libertad en estas investigaciones. Hacerse cargo del problema relacional pudiera llegar muy lejos en cuanto a la sanidad de tu difícil relación con un amigo o familiar.

Aspecto crítico No. 5: Malos hábitos y asuntos personales

Puede que tu sueño sea convertirte en una persona libre, liberarte de un hábito, una adicción o un patrón que te agota y mantiene encarcelado. Existen muchas de estas posibles cárceles, que van desde las apenas preocupantes a las que amenazan la vida. La depresión, trastornos en los hábitos alimenticios, problemas con la ira, ansiedad, luchas con las drogas y el alcohol, y las dependencias sexuales son unos pocos ejemplos. Estos pueden desanimar y paralizar el potencial de una persona para tener la vida mejor que se esperaba que experimentara.

Si te ves lidiando con estos u otros problemas similares, analiza las siguientes maneras en que puedes haber pasado la culpa a otro y considera lo que puedes hacer para obtener el control:

- He esperado que otros vean cómo han causado este problema en mí. *Puedo escoger sanar ya sea que ellos reconozcan o no su efecto negativo en mí.*
- He culpado a Dios por no protegerme. *Puedo dejar la culpa sabiendo que él ha sufrido conmigo y se identifica con mi dolor.*[2]
- He utilizado el hábito o el problema como una manera de medicar el dolor, así que me he negado a dejarlo. *Puedo enfrentar la herida y el dolor ocultos para poder ser libre.*
- Cuando otros han tratado de relacionarse conmigo, he desestimado sus esfuerzos. *Puedo correr el riesgo de dar entrada a gente buena que me amen y me apoyen.*
- Me he visto a mí mismo muy diferente de modo que nadie pueda comprender realmente mi situación. *Puedo comprender que hay personas que sí me entienden y que me pueden ayudar.*
- En lugar de verme como alguien que fue tratado injustamente en el pasado, he asumido una identidad de víctima y he permanecido pasivo. *Puedo renunciar a la identidad de víctima y asumir mi propia identidad como una persona que tiene tanto cargas como bendiciones.*

Nadie que entienda estas luchas culparía jamás a la persona atrapada en estas por tener dificultades personales. Los problemas de ira y ansiedad, los trastornos en los hábitos alimenticios y las adicciones casi siempre implican alguna combinación de estar herido y evitar el dolor necesario para sanar. Necesitas que otros muestren compasión por tu herida, que te amen y que te animen a hacerte dueño de la sanidad. Este es el camino del crecimiento que da como resultado un cambio y transformación profundas y permanentes.

No lo hagas solo

Una palabra de aliento: si quieres ver cambios mejores y más significativos al hacerte dueño de tu vida, tienes que relacionarte. Busca algunas personas, incluso una persona, con quien puedas leer este libro o por lo menos discutir las ideas del mismo. La relación es un agente de cambio poderoso. Multiplica los efectos de cualquier pensamiento o esfuerzo que pongas en estos principios. El apoyo, la seguridad, las opiniones y ayuda que obtengas de las personas indicadas marcarán una diferencia notable.

Y, por último, recuerda que Dios te apoya al hacer estos cambios. Él está de tu parte y está caminando contigo, guiándote y llevándote por el camino que él diseñó para ti: «Yo te instruiré, yo te mostraré el camino que debes seguir; yo te daré consejos y velaré por ti».[3] Pídele su ayuda y pon tu confianza en él.

¡Dios te bendiga!

Dr. Henry Cloud
Dr. John Townsend
Los Ángeles, 2006

Notas

Capítulo 1: Tú puedes ser dueño de tu vida

1. Para ver la opinión del juez del distrito sobre este caso, visita en Internet *fl1.findlaw.com/* news.findlaw.com/cnn/docslmcdonalds/plmnmcdl 2203opn.pdf.

Capítulo 2: Puedes aprender a pensar diferente

1. Para más principios y consejos de ayuda en esta esfera, ver nuestro libro *Rescata tu vida amorosa: Cambia esas actitudes y conductas tontas que hacen naufragar tu matrimonio*, Casa Creación, Lake Mary, FL, 2005.

Capítulo 3: Siempre puedes encontrar una opción

1. Para tratar este asunto con mayor profundidad ver *How To Get A Date Worth Keeping,* por Henry Cloud, Zondervan, Grand Rapids, MI, 2005.
2. Sugiero mi libro *Cambios que sanan,* Editorial Vida, Miami, FL, 2003.

Capítulo 4: Puedes expandirte y arriesgarte

1. Ver Mateo 16:18
2. Para obtener ayuda en esta esfera ver nuestro libro *How to Have that Difficult Conversation You've Been Avoiding,* Zondervan, Grand Rapids, MI, 2006.

Capítulo 5: Puedes relacionarte

1. Ver Mateo 16:21-23
2. Ver Mateo 16:25
3. Ver Juan 3:3-7
4. Ver Lucas 17:21
5. Ver Juan 2:18-22
6. Ver Mateo 5:4

Capítulo 6: Puedes aprender a decir no

1. Ver www.teamhoyt.com
2. Gálatas 6:5; para obtener una información más exhaustiva sobre resolver la codependencia en las relaciones, ver nuestro libro *Límites: Cuando decir sí, cuando decir no. Tome el control de su vida*, Editorial Vida, Miami, FL, 2001.

Capítulo 7: Puedes tratar con el fracaso

1. Ver Romanos 8:28
2. Para encontrar un sitio cercano a ti, visita en Internet http://www.cloudtownsend.com/4mns.htm o llama al (800) 676-4673.

Capítulo 8: Puedes persistir y perseverar

1. Ver http://vwbspage.comJ1artide/peo23.html wwthspage.com/1article/peo23.hmil.
2. Ver Proverbios 13:12

Conclusión

1. Jeremías 29:11
2. Ver Hebreos 4:15
3. Salmos 32:8